COURS ÉLÉMENTAIRE

DE

DROIT CIVIL.

COURS ÉLÉMENTAIRE

DE

DROIT CIVIL;

Par G. V. VASSELIN,

ANCIEN DOCTEUR EN DROIT DE LA FACULTÉ DE PARIS.

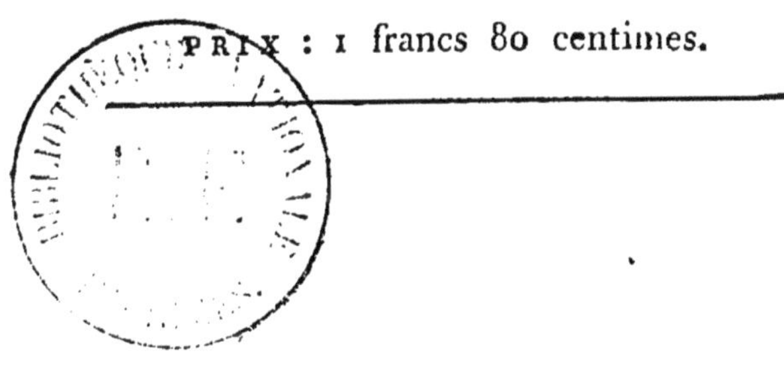

PRIX : 1 francs 80 centimes.

A PARIS,

DE L'IMPRIMERIE DE BRASSEUR.

AN IX. — 1801.

OBJET DE CET OUVRAGE.

Après douze ans de silence et d'oubli, des écoles de droit vont être établies près des tribunaux d'appel. A côté de ces écoles, devront se placer des maîtres particuliers pour expliquer, commenter, et traduire, en quelque sorte, dans l'idiôme le plus familier de chaque élève, les leçons publiques des professeurs qui, devant parler pour tous, ne peuvent que très-difficilement se mettre à la portée de chacun.

Déjà j'ai voulu sonder l'effet d'un pareil établissement. J'ai commencé, le premier frimaire dernier, un cours particulier de droit civil; et le succès a passé mes espérances : le zèle et l'assiduité de mes élèves, le suffrage des jurisconsultes les plus distingués, et l'approbation particulière , dont m'a honoré le citoyen ministre de la justice , m'ont confirmé dans la résolution que j'avais annoncée dès lors de faire un second cours au premier germinal prochain, jusqu'au premier vendémiaire an X.

Mais des maîtres ne suffisent pas à ceux qui veulent s'instruire ; il leur faut des livres, et surtout des livres élémentaires ; et il n'en existe pas un seul pour la jurisprudence.

Nous n'avions autrefois que les cahiers d'écoles, qui avaient le double désavantage d'être écrits en latin , et de n'enseigner que le droit

romain. Les ouvrages d'Argou et de Prévost
de la Jannès n'étaient pas des livres élémentaires : on devait plutôt les considérer comme
des tableaux analytiques de quelques points
de vue de la jurisprudence. Il faudrait aujour-
d'hui en retrancher les trois quarts. Il n'y
a pas 40 pages à conserver du premier volume
d'Argou. Nous avons d'excellens traités *ex
professo*, mais presque tous *in-folio*, sur chacune de nos coutumes et de nos ordonnances.
Le savant et judicieux Pothier est celui de
tous nos auteurs qui a le plus embrassé de
branches différentes de notre droit ; il a presque épuisé tout ce qui concerne *les choses* ;
mais ce ne sont encore que des traités *ex professo* très-clairs, très-méthodiques, très-uti-
les, mais pour ceux-là seulement qui ont
déjà les premières connaissances du droit, et
qui, familiarisés avec les principes, ne
craignent pas de s'égarer en puisant eux-
mêmes, dans les grandes sources, les développemens de chaque question. Aujourd'hui,
d'ailleurs, combien de choses à retrancher
de Pothier ! Je ne parle pas seulement de
quelques traités entiers, qui ne sont plus
d'aucun usage, mais même de ses ouvrages
les plus usuels, de ceux qui seront lus, mé-
dités et respectés, tant que les hommes feront
des actes de vente, de louage, de mandat,
de société, de prêt, de dépôt, etc. Ces traités
eux-mêmes sont parsemés d'une foule de dispositions réglementaires, abrogées par notre

nouvelle jurisprudence, et même remplacées par des lois contraires. Or, s'il est dangereux d'apprendre aux jeunes gens des choses inutiles, il l'est bien plus encore de leur donner des idées fausses et des principes erronés.

Faut-il donc brûler tous les ouvrages d'Argou, de Prévost de la Jannès, de Domat, de Ricard, de Pothier ? etc. Non : ils doivent rester pour achever l'instruction de ceux qui savent déjà quelque chose, et qui pourront, d'eux-mêmes, discerner ce que nos lois nouvelles ont aboli ou conservé. Mais, pour les jeunes gens qui ne sont encore qu'aux premiers rudimens de la science, il faut, en quelque sorte, leur composer une nouvelle édition de ces ouvrages, épurée de tout ce qui n'est plus dans nos mœurs, et augmentée de tout ce que nos lois nouvelles ont substitué à l'ancien droit.

Eh ! qui se permettra de morceler ainsi les chefs-d'œuvres de nos plus profonds jurisconsultes ? Ce n'est pas moi, sans contredit ; mais j'ai cru pouvoir analyser sommairement leur doctrine, la dégager de toutes les propositions que le tems a faussées, et l'adapter à notre jurisprudence actuelle.

Il m'était facile de donner beaucoup plus d'étendue à cet ouvrage ; mais on n'y trouvera, pour ainsi dire, que des définitions, des divisions, des textes de loi, des espèces appropriées à la faiblesse de ceux pour qui j'ai travaillé, et les seuls développemens nécessaires à la liaison des idées. Ce sont , en un mot, de simples élémens que j'ai rédigés.

Avec ceux qui ne savent encore rien , et que l'on veut instruire efficacement , il ne faut pas détailler la science jusque dans ses dernières ramifications. Il suffit d'abord de leur présenter le dessin topographique des masses principales ; autour desquelles viendront , par la suite , se grouper d'eux-mêmes , et avec ordre , tous les points de vue particuliers , qu'ils saisiront alors nettement et sans confusion , parce qu'ils les observeront en leur tems et à leur place.

Quelques personnes desiraient que je publiasse à-la-fois la totalité de mes élémens. Mais j'ai préféré les imprimer par cahiers, dont chacun paraîtra le premier de chaque mois du cours. Ils sont principalement destinés à faciliter aux élèves la suite et l'intelligence de mon cours, comme mon cours lui-même n'a d'autre objet que de les préparer à la lecture de nos anciens auteurs. D'ailleurs, cette première édition , ainsi donnée en détail , m'offrira les moyens de recevoir efficacement les avis des jurisconsultes qui voudront bien m'indiquer les fautes, trop nombreuses , sans doute , qui me seront échappées. C'est alors qu'épuré ; par cet utile creuset, mon ouvrage sera véritablement un livre élémentaire.

G. V. VASSELIN.

COURS ÉLÉMENTAIRE

DE

DROIT CIVIL.

PREMIER CAHIER.

PREMIÈRE LEÇON.

Du droit — en général, — Naturel, — Positif, — Politique, — Civil. De l'objet du droit civil.

PARAGRAPHE PREMIER.

Du droit en général.

Le droit, en général, est la connaissance de ce qui est conforme à l'équité naturelle et aux lois positives.

Deux choses entrent donc essentiellement dans l'idée du droit : l'équité et la légalité. L'une en épure la source ; l'autre en facilite le cours.

A

La seule *équité* ne produit qu'un droit illusoire qui se perd et s'éteint faute de la garantie des lois. C'est une base solide sur laquelle repose un édifice qui n'est cimenté, ni étayé.

Le droit qui n'est que légal, et que l'équité repousse, n'est pas sans effet, mais il est honteux, et bientôt la conscience publique en fait une justice sévère. C'est un arbrisseau dont la sève est corrompue, et qui ne produit que des fruits vénéneux. Il tombe bientôt sous la hache vengeresse.

Aussi la sagesse du législateur consiste-t-elle à concilier la morale universelle avec l'intérêt de tous et de chacun. Les bonnes lois ne sont autre chose qu'une heureuse alliance de ce qui est honnête avec ce qui est utile.

Dans la pratique, néanmoins, on distingue le droit naturel du droit positif.

§ I I.

Du droit naturel.

Le droit naturel est la connaissance de ce qui est équitable et bon : *ars œqui et boni.*

L'*équité* est tout ce qu'ordonne ou autorise la raison humaine laissée à sa propre fécondité, et non encore fertilisée par la culture sociale. Ce sont les règles de conduite qui dérivent immédiatement de la propre nature de l'homme, et que nous suivrions tous d'un consentement unanime, si, chaque jour, de nouveaux croisemens d'intérêts ne rompaient l'équilibre primitif.

Ce doit être le type régulateur de toutes les institutions sociales, le principe et la fin de toutes les conceptions législatives, la boussole invariable de tous ceux qui, par l'autorité dont ils sont revêtus, par le rang où ils sont élevés, par la considération personnelle dont ils sont honorés, par les talens qui les distinguent, ont quelque influence sur les opinions et les actions de leurs concitoyens.

Mais là se borne l'empire du droit naturel. Il ne saurait prévaloir contre toute disposition textuelle et non équivoque du droit positif.

§ I I I.

Du droit positif.

Ce n'est pas que la civilisation des sociétés ait pu changer les lois de l'équité naturelle; mais ayant établi parmi les hommes de nouveaux rapports et de nouveaux liens, elle a dû en modifier les principes, quant à l'exécution et à l'application, en raison des nouveaux devoirs imposés, et des nouveaux droits accordés. Alors on a pu, on a même dû, par raison d'équité, permettre ce qui, dans un autre état de choses, eût été défendu, et défendre ce qui eût été permis ; chacun s'étant soumis à subordonner sa volonté particulière à la volonté générale, n'a plus dû se conduire d'après le seul *dictamen* de sa raison particulière, mais se conformer aux nouvelles règles de conduite établies par la société.

Ces règles , que nous appelons *lois positives*, ont pour objet immédiat de coordonner nécessairement, vers une fin commune , les actions de ceux que la civilisation a placés sous les mêmes rapports. Ce sont, à proprement parler , les conditions explicites de notre existence sociale.

Il suit de cette définition des lois positives,

1°. Que nulle ne peut astreindre que ceux qui sont liés par les mêmes rapports. C'est un principe vulgaire que les lois ne peuvent être appliquées que dans les cas déterminés et prévus, sinon *in individuo et specie* , au moins *in genere*. Toute extension arbitraire est un attentat à la liberté, qui consiste à pouvoir faire tout ce qui n'est pas défendu , et à ne pouvoir pas être contraint de faire tout ce qui n'est pas ordonné.

2°. Que toutes doivent être égales pour tous. L'acception des personnes est attentatoire à l'égalité sociale , qui consiste en ce que tous doivent être égaux devant la loi, soit qu'elle protège , soit qu'elle punisse.

3°. Que les réfractaires doivent être contraints par la force générale de la société , qui remplace la grande force de la nature , par la pression de laquelle tous les corps suivent invariablement les lois de leur organisation. Avec quelque précision et quelque impartialité que les droits et les devoirs sociaux puissent être déterminés et répartis, ils sont comme s'ils n'existaient pas, tant que les membres de la société n'ont pas investi quelques-uns d'entre eux d'une puissance assez forte pour contraindre chacun à l'acquittement de ses devoirs et au respect des droits de ses co-associés. Sans garantie publique, il n'y a ni sûreté, ni propriété pour les particuliers.

Mais si l'on peut exiger rigoureusement de toutes lois positives ces qualités fondamentales, il faut aussi se rappeler sans cesse qu'elles sont l'ouvrage des hommes, et qu'il est dans leur propre essence de restreindre, étendre, modifier, adapter aux tems et aux localités les règles générales de l'équité naturelle. Ne soyons donc point étonnés d'y rencontrer des défauts, des incorrections, des inégalités, des lacunes, de fausses combinaisons, et même des dispositions incomplettes ou irrégulières ; tout ce qui sort de nos mains doit être empreint de l'imperfection de notre nature. Gardons-nous, surtout, de rêver sérieusement un système de législation invariable et universelle. Il est même nécessaire que les lois varient au gré des tems et des lieux. Le français du dix-huitième siècle ne ressemble pas plus au français du siècle précédent que l'anglais au hottentot. La distance des tems met autant de différence entre les besoins du même peuple que la distance des lieux entre ceux des différentes nations. Remarquons seulement que cette localité et cette variabilité des lois doivent se réduire à leurs dispositifs et à leurs moyens d'exécution. Dans tous les tems et dans tous les pays, toutes doivent être conçues dans un seul esprit, dans une seule intention : la conservation et le bonheur de ceux à qui elles sont destinées.

Cela posé, le droit positif sera la science du juste et de l'injuste; c'est-à-dire, de ce qui est permis ou défendu par les lois positives; ou autrement encore, la connaissance des règles de conduite que chaque peuple s'est imposées, en ôtant ou ajoutant aux règles générales du droit naturel : *Quod quisque populus ipse sibi constituit, addendo scilicet aut detrahendo præceptis communibus.*

§ I V.

Des deux branches principales du droit positif.

Les lois positives étant le résultat des différens rapports sous lesquels nous sommes placés par la civilisation, elles doivent se diviser en raison des espèces différentes de rapports sociaux.

Ceux-ci sont ou politiques ou civils.

Les premiers sont ceux qui lient le peuple à chaque citoyen, et chaque citoyen au peuple; c'est-à-dire, qui établissent des obligations réciproques entre la société considérée en nom collectif, et chacun de ses membres pris individuellement. Tels sont les rapports de justiciable, de gouverné, de soldat , de contribuable , de suffragant aux assemblées publiques , d'éligible aux emplois communaux , départementaux ou nationaux, et de magistrats du premier , du second ou du troisième ordre.

Parmi les rapports civils , il faut comprendre tous les points de vue particuliers, nécessaires ou accidentels, absolus ou relatifs, primitifs ou secondaires, sous lesquels nous nous trouvons liés ou obligés réciproquement les uns envers les autres. Tels sont ceux d'homme ou de femme , d'enfant naturel ou adoptif, légitime ou bâtard , de mineur ou de majeur, de père ou de fils de famille , de célibataires , mariés ou divorcés, de possesseurs ou de propriétaires, de vendeurs ou d'acheteurs, de créanciers ou de débiteurs , de locateurs ou de locataires , de mandans ou de mandataires , etc. , etc.

Selon que nous nous trouvons placés sous chacun de ces différens rapports, nous avons à suivre autant de lois différentes ou de règles particulières de conduite que nous distribuerons en deux classes principales : en lois politiques et en lois civiles.

Les lois politiques ne sont pas l'objet de ce cours élémentaire , je n'en parlerai donc que très-sommairement ; j'aurais même pu me borner à les définir ; mais j'ai cru qu'il convenait d'analyser avec quelque soin les idées particulières qui composent la notion générale du droit politique, pour faire connaître à l'avance que toutes les idées législatives que je n'aurai pas fait entrer dans ce premier cadre sont du ressort du droit civil.

D'ailleurs, je ne considère véritablement les lois politiques dans leur institution que comme moyens de conservation, d'exécution, de réparation et de garantie des lois civiles. Il ne paraîtra donc pas étrange que j'en expose brièvement le mécanisme et l'intelligence. C'est, selon moi, le portique nécessaire du temple de la législation civile.

§ V.

Du droit politique.

L'objet particulier des lois politiques est de régler la constitution de la société, ce qui comprend la détermination du droit de cité, l'ordonnance des assemblées du peuple, la distribution des pouvoirs législatif, exécutif et judiciaire, la composition de la force armée, et la répartition de l'impôt.

§ V I.

Du droit de cité.

Deux choses sont considérées dans une société : l'état et le souverain.

L'*état* est la masse des individus résidans sur un même territoire, et obéissans aux mêmes lois.

Le *souverain* se compose de ceux des membres de

l'état qui ont le droit de concourir à la formation de la loi et à la nomination des magistrats.

Quelque soit le mode dans lequel nous exercions ce droit, soit que nous délibérions nous-mêmes, soit que nous nous donnions des représentans, il est, au fond, toujours le même, et c'est ce qu'on nomme *droit de cité*.

Les membres du souverain s'appellent *citoyens*. Les athéniens avaient une loi qui prononçait la peine de mort contre l'étranger qui usurpait le titre de citoyen en se mêlant aux délibérations du peuple.

Les membres de l'état, qui ne le sont pas en même tems du souverain, ne peuvent recevoir qu'une dénomination négative. On les appelle *non-citoyens*.

La différence entre les uns et les autres consiste uniquement en ce que les premiers ont un droit qui ne leur est pas commun avec les seconds.

A tous autres égards, il ne doit exister aucune distinction entre les citoyens et les non-citoyens ; et les rapports des uns et des autres avec la loi, quand elle est faite, doivent être absolument pareils. C'est ce qui résulte nécessairement de la nature même de la loi.

La volonté nationale, dont la loi est l'expression, ne peut avoir qu'un seul objet : la conservation et le bien-être de la société. Toute volonté qui se propose un autre but n'est plus celle de la nation, et ne peut être qu'une volonté particulière. Donc, à quelque titre qu'un individu existe sur le territoire, il ne peut avoir droit de mettre obstacle à la volonté nationale ; sans quoi, la nation ne serait plus souveraine. Donc, ce que la loi défend est défendu à tous sans aucune exception.

Si la volonté nationale n'a qu'un seul but, elle ne peut défendre que ce qu'elle juge nuisible à l'objet qu'elle se propose. Or, elle ne peut juger la même action nuisible et indifférente à la fois. Ce qui est licite pour l'un ne peut pas être illicite pour l'autre. Donc, ce que la loi ne défend pas à tous est également permis.

Chaque nation détermine à sa manière les qualités requises pour exercer le droit de cité, les causes pour lesquelles il se perd ou est suspendu. Ne nous occupons que de la république française.

« Tout homme né et résidant en France, qui, âgé de vingt-un ans accomplis, s'est fait inscrire sur le registre civique de son arrondissement communal, et qui a demeuré depuis un an sur le territoire de la république, est citoyen français. »

« Un étranger devient citoyen français lorsqu'après avoir atteint l'âge de vingt-un ans accomplis, et avoir déclaré l'intention de se fixer en France, il y a résidé pendant dix années consécutives. »

« La qualité de citoyen français se perd — par la naturalisation en pays étranger, — par l'acceptation de fonctions ou de pensions offertes par un gouvernement étranger, — par l'affiliation à toute corporation étrangère qui supposerait des distinctions de naissance, — par la condamnation à des peines afflictives ou infamantes. »

« L'exercice des droits de citoyen français est suspendu par l'état de débiteur failli, ou d'héritier immédiat, détenteur à titre gratuit de la succession totale ou partielle d'un failli ; — par l'état de domestique à gages, attaché au service de la personne ou du ménage ; — par l'état d'interdiction judiciaire, d'accusation ou de contumace. »

§ V I I.

Des assemblées du peuple.

Le droit de cité ne peut être exercé par les citoyens que lorsqu'ils sont réunis en assemblée légale.

Les législateurs des anciennes républiques attachèrent le plus grand intérét à l'ordonnance des assemblées du peuple ; et ils le devaient d'autant mieux, que, le systéme de la représentation nationale leur étant inconnu, le peuple avait une part directe à la confection de la loi.

Il n'en est pas ainsi dans notre république, dont les membres n'ont à s'occuper que de l'élection des magistrats. Le mode le meilleur est, sans contredit, celui qui prête le moins à l'intrigue et aux factions. Voici comme notre constitution a résolu le problême :

Les citoyens de chaque arrondissement communal désignent par leurs suffrages ceux qu'ils croient les plus propres à gérer les affaires publiques. Il en résulte une liste de confiance, contenant un nombre de noms égal au dixième du nombre des citoyens ayant droit d'y coopérer. C'est dans cette première liste communale que doivent être pris les fonctionnaires publics de l'arrondissement.

Les citoyens compris dans les listes communales d'un département désignent également un dixième d'entre eux. Il en résulte une seconde liste départementale dans laquelle doivent être pris les fonctionnaires publics du département.

Les citoyens portés dans la liste départementale désignent pareillement un dixième d'entre eux : il en résulte une troisième liste qui comprend les citoyens de ce département éligibles aux fonctions publiques nationales.

NOTA. Nous verrons en d'autres lieux par qui sont nommés ceux qui remplissent les différentes fonctions publiques, d'arrondissement communal, de département, et nationales.

§ VIII.

Du pouvoir législatif.

Le pouvoir législatif consiste à modifier, interpréter, expliquer les lois existantes, abroger celles qui cessent d'être utiles, et les remplacer par de nouvelles.

En France, il n'est promulgué de lois nouvelles que lorsque le projet en a été proposé par le gouvernement, communiqué au tribunat et décrété par le corps législatif, et lorsque, dans les dix jours de leur émission, il n'y a point eu recours au sénat conservateur pour cause d'inconstitutionnalité.

« Le gouvernement propose les projets rédigés en articles par le conseil d'état. En tout état de la discussion de ces projets, il peut les retirer. Il peut aussi les reproduire modifiés. »

« Le tribunat (composé de cent membres âgés de 25 ans au moins, renouvelés par cinquième tous les ans, et indéfiniment rééligibles tant qu'ils demeurent sur la liste nationale) discute les projets de loi ; il en vote l'adoption ou le rejet. »

(13)

« Le corps législatif (composé de trois cents membres âgés
de trente ans au moins, renouvelés par cinquième tous les ans,
et rééligibles après un an d'intervalle) fait la loi en statuant
par scrutin secret, et sans aucune discussion de la part de ses
membres, sur les projets de loi débattus devant lui par les ora-
teurs du tribunat et du gouvernement, qui ne peuvent pas ex-
céder le nombre de trois de part et d'autre. »

« Le sénat conservateur (composé de quatre-vingts membres,
inamovibles et à vie, âgés de 40 ans au moins, et inéligibles à
jamais à toute autre fonction publique) maintient ou annulle
les lois qui lui sont déférées pour cause d'inconstitutionnalité par
le tribunat ou par le gouvernement. Mais la loi doit être pro·
mulguée le dixième jour après son émission, si dans l'intervalle
il n'y a pas eu recours au sénat. »

§ I X.

Du pouvoir exécutif.

Le pouvoir exécutif consiste à diriger et surveiller
l'envoi, la promulgation et l'exécution des lois, à
maintenir, assurer ou rétablir le bon ordre au-
dedans et la paix au-dehors, et réprimer, par la
conciliation ou par la force, les dissentions intestines
et les guerres étrangères.

Le pouvoir exécutif de la république française est délégué à un
corps composé de trois membres nommés *consuls*, élus pour
dix ans et indéfiniment rééligibles. — Chacun d'eux est élu
individuellement avec la qualité distincte ou de premier, ou de
second, ou de troisième consul.

« Le corps exécutif propose les lois et fait les réglemens nécessaires pour assurer leur exécution.

« Il dirige les recettes et les dépenses de l'état , confor-
mément à la loi annuelle qui détermine le montant des unes et
des autres. Il surveille la fabrication des monnaies dont la loi
seule ordonne l'émission , fixe le titre , le poids et le type.

« S'il est informé qu'il se trame quelque conspiration contre
l'état , il peut décerner des mandats d'amener et des mandats
d'arrêt contre les personnes qui en sont présumées les auteurs
ou les complices. Mais si , dans un délai de dix jours après
leur arrestation, elles ne sont mises en liberté ou en justice ré-
glée , il y a , de la part du ministre signataire du mandat ,
crime de détention arbitraire.

« Il pourvoit à la sûreté intérieure et à la défense extérieure
de l'état. Il distribue les forces de terre et de mer, et en règle
la direction.

« Il entretient des relations politiques au-dehors, conduit les
négociations , fait les stipulations préliminaires , signe , fait
signer et conclut tous les traités de paix, d'alliance, de trève ,
de neutralité , de commerce et autres conventions. »

NOTA. Les déclarations de guerre et les traités de paix , d'alliance et
de commerce sont proposés , discutés , décrétés et promulgués comme des
lois.

Des attributions du premier consul.

Des trois consuls qui composent le corps exécutif de la France ,
« le premier a des fonctions et des attributions particulières, dans
lesquelles il est momentanément suppléé, quand il y a lieu, par un
de ses collègues. »

Il promulgue les lois ; il nomme et révoque à volonté les
membres du conseil d'état , les ministres, les ambassadeurs et
autres agens extérieurs en chef, les officiers de l'armée de terre
et de mer , les membres des administrations locales et les commissaires du corps exécutif près les tribunaux. Il nomme tous
les juges criminels et civils , autres que les juges de paix et les
juges de cassation , sans pouvoir les révoquer.

Des attributions du second et du troisième consul.

« Dans les autres actes du corps exécutif, le second et le troisième consul ont voix consultative : ils signent le registre de ces actes pour constater leur présence ; et s'ils veulent, ils y consignent leurs opinions : après quoi, la décision du premier consul suffit. »

Des délégués du corps exécutif.

Il est évident que le corps exécutif d'une grande nation ne peut pas faire tout par lui-même. Il ne doit voir que les masses. Les détails sont hors sa portée. Son esprit ne peut embrasser toutes les conceptions administratives ; son œil ne peut atteindre à toutes les parties de l'empire. Aussi a-t-il partout des agens, des délégués.

Les principaux délégués du corps exécutif de la république française sont : le conseil d'état, les ministres, les administrations locales et les commissaires près les tribunaux.

Du conseil d'état.

« Sous la direction des consuls, le conseil d'état est chargé de rédiger les projets de loi et les réglemens d'administration publique, et de résoudre les difficultés qui s'élèvent en matière administrative.

Des ministres.

« Les ministres procurent, chacun dans leur partie, l'exécution des lois et des réglemens d'administration publique. »

« Aucun acte du gouvernement ne peut avoir d'effet s'il n'est signé par un ministre.

« L'un des ministres est spécialement chargé de l'administration du trésor public : il assure les recettes, ordonne les mouvemens de fonds et les paiemens autorisés par la loi. Il ne peut rien faire payer qu'en vertu 1°. d'une loi, et jusqu'à la concurrence des fonds qu'elle a déterminés pour un genre de dépenses; 2°. d'un arrêté du gouvernement; 3°. d'un mandat signé par un ministre.

« Les comptes détaillés de la dépense de chaque ministre, signés et certifiés par la loi, sont rendus publics. »

Des préfets, sous-préfets et maires.

Aux ministres sont subordonnées des administrations locales, soit pour chaque arrondissement communal, soit pour des portions plus étendues du territoire. Il y a pour chaque département un préfet assisté d'un conseil d'administration et d'un conseil général de département ; pour chaque arrondissement communal, un sous-préfet assisté d'un conseil d'arrondissement ; et pour chaque ville ou bourg, un maire avec ou sans adjoints, selon la population.

Des commissaires près les tribunaux.

« Il y a près chaque tribunal un commissaire du pouvoir exécutif. Il est là pour maintenir l'exécution de la loi, en requérir l'application, et dénoncer toute infraction qui peut lui être faite ; accuser les coupables, défendre les absens, les mineurs, les veuves et les orphelins. »

§ X.

Du pouvoir judiciaire.

Le pouvoir judiciaire consiste à décider les contestations qui s'élèvent soit entre les citoyens, soit entre les particuliers et la société pour l'application des lois.

Ce pouvoir en France est délégué à des juges de paix, à des tribunaux de commerce, à des tribunaux civils, à des tribunaux criminels, à des tribunaux de police correctionnelle, et à un tribunal de cassation.

Des juges de paix.

Chaque arrondissement communal a un ou plusieurs juges

de paix, élus immédiatement par les citoyens pour trois années.

Leur principale fonction en matière civile consiste à concilier les parties qu'ils invitent, en cas de non-conciliation, à se faire juger par des arbitres.

Décerner un mandat d'amener ou d'arrêt contre les individus qui sont pris en flagrant délit, ou qui leur sont déférés par une dénonciation ou par la notoriété publique, constater le délit, interroger les prévenus, entendre les témoins, apposer leur sceau sur les pièces de conviction et sur les papiers des prévenus, et dresser du tout le procès-verbal le plus exact et le plus circonstancié : telles sont leurs attributions en matière criminelle.

Des tribunaux de commerce.

Il y a, par chaque département, un tribunal dit *de commerce,* dont l'attribution exclusive est de prononcer sur les contestations qui s'élèvent entre négocians pour cause de négoce. Toutes lettres-de-change, et les billets à ordre, souscrits par des commerçans, sont spécialement de leur ressort.

Des tribunaux civils.

Tous autres procès civils sont réglés par des tribunaux civils, dont les uns plus nombreux, plus rapprochés des justiciables, ne décident qu'en première instance, et les autres plus rares, plus éloignés, prononcent par appel en dernier ressort. On compte en France vingt-sept tribunaux de première instance, et .... tribunaux d'appel.

Des tribunaux criminels.

En matière de délits emportant peine afflictive ou infamante, un premier jury admet ou rejette l'accusation : si elle est admise, un second jury reconnaît le fait ; et les juges formant un tribunal criminel, appliquent la peine. Leur jugement est sans appel. Il y a un tribunal criminel par chaque département.

Des tribunaux correctionnels.

Les délits qui n'emportent pas peine afflictive ou infamante sont jugés par les tribunaux civils de première instance , séant en audience de police correctionnelle , sauf l'appel aux tribunaux criminels:

Du tribunal de cassation.

Il y a , pour toute la république , un tribunal de cassation , qui prononce sur les demandes en cassation contre les jugemens en dernier ressort rendus par les tribunaux , sur les demandes en renvoi d'un tribunal à un autre , pour cause de suspicion légitime ou de sûreté publique , sur les prises à partie contre un tribunal entier.

Ce tribunal ne connaît pas du fond des affaires; mais il casse les jugemens rendus sur des procédures, dans lesquelles les formes ont été violées, ou qui contiennent quelque contravention expresse à la loi , et il renvoie le fond du procès au tribunal qui doit en connaître.

Des arbitres.

En tout état de cause , les parties peuvent se faire juger par des arbitres, dont la sentence est exécutoire sans appel, pourvu qu'il en ait été ainsi convenu.

§ X I.

De la force armée.

La force armée est cette portion de citoyens appelés par la société pour protéger la sûreté publique au-dedans et au-dehors.

En France , la force armée se compose d'une garde nationale sédentaire et d'une garde nationale en activité.

La garde nationale sédentaire est composée de tous les citoyens et fils de citoyens , en état de porter les armes. Elle n'est soumise qu'à la loi.

La garde nationale en activité se forme par enrôlement volontaire , et, en cas de besoin, par le mode que la loi détermine. Elle est soumise à tous les réglemens de l'administration publique.

Du principe de la force armée.

Dans tout pays, la force armée doit être essentiellement obéissante. Si les soldats avaient le droit de délibérer , plus de sûreté possible au-dehors et au-dedans pour le peuple. On n'aurait bientôt plus que des usurpateurs esclaves de leurs propres satellites.

§ X I I.

De l'impôt.

L'impôt est cette portion des fortunes particulières, réclamée par la société , pour subvenir aux dépenses publiques.

En France , les contributions sont déterminées et fixées chaque année par le corps législatif. A lui seul appartient d'en établir. Elles ne peuvent subsister au-delà d'un an, si elles ne sont expressément renouvelées.

Le corps législatif peut créer tel genre de contribution qu'il croit nécessaire; mais il doit établir chaque année une imposition foncière, et une imposition personnelle.

Les contributions de toute nature sont réparties entre tous les contribuables, en raison de leurs facultés.

« Une commission de comptabilité nationale règle et vérifie
les comptes des recettes et des dépenses de la république. Cette
commission est composée de sept membres choisis par le sénat
dans la liste nationale. »

§ X I I I.

Des différens modes d'organisation d'une constitution.

Il n'est que deux espèces de constitutions possibles.
Toutes sont nécessairement ou républicaines ou des-
potiques.

J'appelle constitution républicaine celle dont la
confection est le résultat de la volonté du peuple ou de
ses représentans librement élus, dont l'exécution appartient à lui seul, ou à ses délégués légitimes, et
qu'il a la puissance de changer, modifier ou réviser à
son gré.

Toute constitution est despotique dont la confection, l'exécution et la révision sont usurpées par
un ou plusieurs hommes, par une ou plusieurs castes
privilégiées.

Je ne chercherai point à prouver la prééminence
d'une de ces constitutions sur l'autre : ce serait douter
que la liberté vaille mieux que l'esclavage. Mais j'observerai que pour être républicaine, il ne suffit pas
qu'une constitution soit l'ouvrage du peuple ; il faut
aussi que son organisation soit républicaine, c'est-à-
dire, qu'elle soit établie dans les formes les plus
propres à maintenir dans toute son intégrité la volonté
nationale.

Les différens modes dans lesquels une constitution peut être organisée sont : la démocratie , l'aristocratie , la monarchie , les gouvernemens mixtes , les gouvernemens représentatifs.

Il y a démocratie là où le peuple exerce les pouvoirs par lui-même. Il n'y a pas loin de cet état à l'ochlocratie , je veux dire, au despotisme d'une multitude tumultueuse qui n'est que trop souvent la minorité du peuple.

L'aristocratie consiste dans la délégation exclusive des pouvoirs à une ou plusieurs classes du peuple. On est tout près de l'oligarchie ou du despotisme de quelques familles.

La monarchie est la cumulation de tous les pouvoirs en une seule main. Là est inévitablement le despotisme d'un seul. Est-il pire que celui de la multitude , ou de quelques classes privilégiées ? non ; mais il faut éviter tous les excès.

Avertis par les abus trop sensibles de ces différentes sortes de gouvernemens , on a vu les peuples aller successivement , et quelquefois tour-à-tour de l'une à l'autre , les modifier de mille et mille manières , et souvent les amalgamer toutes trois en raison de l'étendue de leur territoire , de leur situation locale , et de leur génie particulier : c'est ce qu'on appelle gouvernemens mixtes. On en voit une foule d'exemples parmi les anciens et parmi les modernes. Ils retiennent cependant le nom de démocratie , d'aristocratie ou de monarchie , selon que l'une de ces trois formes simples influe davantage sur leur composition.

Des constitutions représentatives.

Je ne parlerai pas du gouvernement féodal qui n'était que l'association, sous un grand monarque, de plusieurs petites monarchies d'ailleurs indépendantes les unes des autres. Combien de siècles cependant se sont écoulés dans cet état barbare ! l'homme est-il donc destiné à passer par la filière de tous les despotismes, avant de reposer sous l'égide de la vraie liberté ? Ce n'est qu'après plus de mille ans que nous avons connu le seul gouvernement que puisse adopter un grand peuple qui veut être libre : le système de la représentation nationale, système au moyen duquel on peut, sans confusion, appeler, avec un droit égal, au vote des lois et à la nomination, des magistrats, vingt et trente millions d'habitans.

Des bases fondamentales de toute constitution représentative.

Sans insister sur les avantages de cette forme de gouvernement, j'énoncerai seulement les cinq principaux moyens de garantie qui sont de son essence particulière ; savoir : la nomination médiate ou immédiate, par le peuple, de ses magistrats ; la responsabilité de ses délégués ; le renouvellement périodique et partiel des autorités constituées ; la séparation et l'indépendance des pouvoirs, et l'inviolabilité de la constitution.

J'aimerois à donner ici des exemples puisés dans notre propre constitution ; mais il faut mettre des bornes à cette disgression déjà trop longue.

§ X I V.

Des lois organiques d'une constitution.

Les détails d'organisation ne sont pas du ressort d'un acte constitutionnel. Il ne peut poser que des bases fondamentales. Tout ce qui est réglement d'exécution doit être hors de lui. Ainsi, lorsque la constitution a dit que les citoyens se réuniraient pour former une liste de candidats, que ceux-ci, se réduisant à un dixième, formeraient une seconde liste, de laquelle une troisième résulterait après une nouvelle épuration, le mode de réunion de ces diverses assemblées n'est qu'un réglement d'exécution, qui peut varier dans ses formes et dans ses moyens : il ne doit donc pas être dans la constitution. Mais tous les réglemens de cette espèce, qu'on appelle *lois organiques de la constitution*, doivent essentiellement avoir ce caractère uniforme, qu'ils ne violent, n'altèrent et n'éludent indirectement ni indirectement la charte constitutionnelle. Que les jurés, établis pour reconnaître le fait et l'intention dans les causes criminelles, soient convoqués de telle ou telle manière, assujettis à telles ou telles formalités : c'est aux législateurs d'en décider. Mais il faut que tous les français soient jugés par leurs pairs : voilà le vœu constitutionnel qu'aucune loi réglementaire ne doit enfreindre.

§ X X V.

Du principe particulier des lois politiques.

Par cette analyse de la charte constitutionnelle de l'an VIII , je n'ai prétendu ni m'en établir juge, ni la soumettre à aucune discussion. Je n'ai voulu qu'indiquer les idées particulières dont se compose parmi nous la notion du droit politique , notion nécessairement relative , et de laquelle, chez tel autre peuple aussi libre que nous , chez les américains , par exemple , il faudrait retrancher quelques idées qui sont à nous seuls , pour y suppléer celles nécessitées par la localité , si l'on peut s'exprimer ainsi , de leur origine , de leurs mœurs et de leur gouvernement. Si donc vous vouliez faire un cours de droit politique , n'allez pas , je vous le répéterai sans cesse , rêver un système de gouvernement qui puisse convenir à tous les tems et à tous les peuples. Ni les hommes ni les choses ne se ploient au gré de nos théories chiméri-ques. Les mobiles circonstances et l'impérieuse néces-sité entrent , pour la majeure partie , dans la compo-sition du code politique des nations les plus dignes de la liberté. Il est sans doute quelques principes d'admi-nistration publique, consacrés par le suffrage presque unanime de tous les hommes. Mais ce seroit encore une folie que de vouloir forcément en faire le type ré-gulateur de toutes les institutions sociales; ce sont eux , au contraire , qu'il faut adopter , non pas au ca-price de quelques hommes , mais aux divers tempé-

ramens des peuples , qui tous veulent arriver au
même but , mais qui ne peuvent y être conduits par la
même voie. Il faut les connaître cependant , mais il
faut surtout étudier cette foule de principes secondaires , dont la salutaire expérience a démontré l'effi-
cacité , et qu'elle a jugés les plus convenables à telle
ou telle nation. Aussi, vous dirai-je avec Condillac ,
voulez-vous faire un cours de législation générale ?
faites un cours d'histoire.

Quelque mode , néanmoins, que la volonté nationale puisse adopter pour l'exercice du droit de cité ,
l'ordonnance des assemblées du peuple , la distribution des pouvoirs législatif, exécutif et judiciaire ,
la composition de la force armée , et la répartition de
l'impôt ; quelques modifications qu'elle puisse apporter
aux principes , qui me paroissent les fondemens nécessaires de toute constitution représentative , il est un
point central auquel doivent se réunir toutes les lois politiques. Toutes doivent tendre sans cesse et immua-
blement au maintien de la liberté publique , et à la
compression des ambitions particulières.

§ X V I.

Du droit civil, — commun, — particulier.

Le droit civil, plus simple dans ses élémens , mais
plus étendu dans ses détails , parce que les rapports
dont il dérive sont infiniment plus multipliés , est la
connaissance de toutes les règles particulières de conduite qui nous sont imposées en raison des innom-

D

bles rapports sous lesquels nous nous trouvons placés, soit habituellement, soit accidentellement, les uns vis-à-vis des autres.

Comme, dans toute société particulière, il existe des conditions fondamentales, sans lesquelles il ne pourrait pas y avoir de société, il y a dans le droit civil des préceptes généraux qui sont réputés communs à toutes les nations, qui ont, en quelque sorte, précédé la civilisation des sociétés, et vis-à-vis desquels le pacte social ne semble être intervenu que pour en garantir l'exécution.

Mais, comme aussi tout contrat de société est susceptible d'une foule de clauses secondaires, qui n'existent que par la volonté des contractans, et dont ils peuvent se surcharger ou se débarrásser à leur gré, le droit civil se compose pareillement de règles particulières qui ne sont reconnues que parce qu'elles sont spécialement établies par la loi, et dont la substance même est soumise à la sanction du législateur.

Je distinguerai donc, dans le droit civil, le droit commun, qui se nomme vulgairement droit des nations, et le droit particulier, qui retient le nom de droit civil proprement dit.

Du droit commun.

J'appelle *droit commun* toutes les règles de la vie sociale, qui paraissent convenues entre tous les peuples, que l'on ne peut abroger sans porter atteinte aux droits fondamentaux de la société, et qui ne sont soumises, quant à leur substance, à aucune formalité locale et particulière.

C'est de ce droit que sont émanés les droits de premier occupant, d'accession, de commixtion, de perception des fruits ; le transport de la propriété par la tradition, et presque tous les contrats.

Du droit particulier.

Je comprends sous le nom de *droit particulier*, ou *droit civil, proprement dit*, toutes les lois qui sont propres et particulières à chaque pays, qui sont d'institution purement locale, et que l'on peut abroger, comme on aurait pu ne pas les établir ; ou qui, communes dans leur principe à toutes les nations, sont susceptibles de recevoir et reçoivent en effet une foule de modifications différentes, et qui imposent aux actes mêmes qu'elles autorisent l'accomplissement de certaines formalités, conditions nécessaires de leur légalité.

Du ressort de ce droit sont le mariage, l'adoption, l'hérédité, le legs, les donations entre vifs, les contrats de change, d'hypothèque, etc., etc. *

---

* *Jus autem civile a jure gentium distinguitur, quod omnes populi qui legibus et moribus reguntur, partim suo proprio, partim communi omnium jure utuntur. Nam quod quisque populus ipse sibi jus constituit, id ipsius proprium civitatis, vocaturque jus civile, quasi jus proprium ipsius civitatis. Quod vero naturalis ratio inter omnes homines constituit, id*

§ X V I I.

Principe fondamental des lois civiles.

Il suit de cette distinction qu'il est en la puissance du législateur de défendre tout ce qu'il juge nuisible , et d'autoriser tout ce qui lui semble utile ; de créer, en quelque sorte , tous les droits et les devoirs sociaux qu'il avise convenables. Mais cette puissance est limitée par sa propre essence ; elle est subordonnée à une loi antérieure et constitutive du mandat de tous les législateurs : de laisser la plus grande latitude possible aux conventions particulières, et de n'imposer d'autres limites et d'autres entraves à la volonté des contractans que celles impérieusement exigées par la nécessité publique. Les législateurs ne sont pas établis précisément pour nous faire marcher en tel sens qu'ils le jugent à propos, et nous prescrire arbitrairement telle ou telle route ; leur mission se réduit à nous aplanir les chemins, à nous sauver des précipices , à éclairer notre marche, à nous éviter des chocs préjudiciables à tous , et à nous laisser passer partout où nous pouvons circuler , sans nuire à nous-mêmes et aux autres. Les conventions particulières sont un fleuve qui prend sa source dans l'in-

apud omnes populos peræque custoditur , vocaturque jus gentium, quasi quo jure omnes utuntur. (Instit. Just. , liv. 1 , tit. 2 , § 1.)

térêt de chacun , et se perd dans l'intérêt général.
Ne cherchez point à maitriser son cours ; laissez-le
promener, replier , partager ses eaux salutaires au
gré de son penchant naturel , et même de son ca-
price ; qu'il n'éprouve d'autre résistance que celle des
sites qu'il parcourt ; il ne faut lui opposer des digues ,
ou lui faire des saignées que pour prévenir les dé-
bordemens ou la sécheresse qui dévasteraient ou ap-
vriraient les campagnes.

§ X V I I I.

Du triple objet du droit civil.

Ayant à parcourir les principes et les dispositions
des différentes lois civiles de la république française ,
nous ne ferons point un commentaire sur chaque loi ,
nous les fondrons toutes en une espèce de rudiment
classique , dont l'analyse sommaire sera véritablement
la table des matières qui entrent dans leur composition.

Pour procéder avec clarté, nous suivrons l'ordre
établi par les instituts de Justinien. Nous traiterons
successivement des personnes , des choses et des actions. Nous commencerons par les choses , non qu'il
ne soit peut-être plus naturel de parler d'abord des
personnes , mais parce que de toutes nos lois actuelles , ce sont celles sur l'état des personnes qui
paraissent devoir éprouver le plus d'amendemens
par le nouveau code civil que nous attendons de

jour en jour. Le traité des choses, au contraire, est presque immuable de sa nature ; et , sauf un très-petit nombre de dispositions réglementaires , nous pouvons dès à présent, en exposer les principes, avec une entière sécurité.

SECONDE LEÇON.

DIVISION DES CHOSES.

PARAGRAPHE PREMIER.

Des choses en général.

On comprend sous le nom de *chose* tout ce qui n'est pas une personne. Ainsi, le feu , l'eau, l'air et la terre , les minéraux, les végétaux de toute espèce, les animaux même , l'homme seul excepté, sont des choses. Encore est-il vrai , au moins de fait, que, dans les pays où l'esclavage est admis, l'esclave est la chose de son maître, dont celui-ci peut user et abuser comme de toute autre propriété.

Les choses , en général , peuvent être étudiées sous une multitude infinie de rapports différens, selon l'espèce particulière de la science dont elles sont l'objet. La science législative ne les considère que comme susceptibles d'être possédées par les particuliers, à quelque titre , de quelque manière, et sous telles modifications que ce puisse être.

§ I I.

Des choses hors du commerce.

Vues sous ce rapport , la première division des choses est extrêmement simple : elles sont , ou ne sont pas dans le commerce ; c'est-à-dire, qu'elles peuvent ou non circuler , et passer d'un particulier à un autre.

Parmi les choses placées hors du commerce , les unes appartiennent à tous les hommes , les autres à tout un peuple ; celles-ci à une corporation ; celles-là n'appartiennent à personne.

Appartiennent à tous les hommes celles qui , après le partage des propriétés , sont demeurées dans la communion universelle , parce que la nature les a faites telles que la propriété n'en puisse être à aucun , et que l'usage en soit libre et patent pour tous

De cette espèce, sont : l'air, l'eau coulante, la mer, et , par suite, son rivage.

Appartiennent à tout un peuple celles dont la propriété est au souverain du pays où elles sont situées , et dont l'usage est libre et patent à tous les habitans du territoire.

De cette espèce, sont : les fleuves , les ports et l'usage des rives.

Appartiennent à une corporation celles dont la

propriété est à une aggrégation particulière d'hommes, et dont l'usage est libre et patent à tous les membres de cette aggrégation.

De cette espèce, sont : les pâturages, les bois et les édifices communaux.

N'appartiennent à personne celles qui sont garanties par une peine de la profanation des hommes.

Dans cette dernière classe sont les monumens nationaux, les lieux destinés aux sépultures, les murs et les portes d'une ville, les livres de la loi et les lieux où ils sont déposés, les magistrats dans l'exercice de leurs fonctions et les ambassadeurs. C'est ce que les romains appelaient *res relligiosæ*, *res sanctæ*, *res sacræ* : choses religieuses, choses saintes, choses sacrées.

§. I I I.

Des choses particulières, — corporelles, — meubles, immeubles.

Tout ce qui n'est pas compris dans les quatre cathégories précédentes est susceptible de circulation commercial, peut être possédé par les particuliers, et prend le nom de *choses particulières*.

Les choses particulières sont corporelles ou incorporelles.

Les choses corporelles sont tout ce qui s'aperçoit par les sens, et qui a un être réel, comme une maison, un cheval, une métairie, du drap, du bled, des livres, etc., etc.

On les divise en meubles et en immeubles.

Cette dictinction est très-importante à saisir, à cause des différences de droits qui en résultent. Par exemple, la succession des meubles se règle autrement que celle des immeubles, ou au moins en certains cas. Les premiers tombent dans la communauté conjugale, les seconds restent propres à celui des conjoints, qui les a apportés en mariage; ceux-ci sont susceptibles d'hypothèque, ceux-là ne peuvent qu'être donnés en nantissement ; enfin la saisie des uns et des autres s'opère d'une manière tout à fait différente.

On appelle *meubles* toutes choses qui peuvent se transporter d'un lieu à un autre. La grandeur du volume n'en change pas la nature. Un vaisseau de ligne est un meuble.

Les immeubles sont tout ce qui ne peut pas être déplacé : tels sont les *fonds de terre et les maisons*, et tout ce qui en fait partie.

Ce qui fait partie d'une maison ou d'une terre s'entend des choses cohérentes au sol, et édifiées pour perpétuelle demeure, à la différence des choses transportables de leur nature qui ne sont placées dans une métairie, ou une maison, que pour les garnir et servir à leur exploitation, comme les bestiaux et chevaux, les meubles aratoires, les ustensiles de pressoirs, les tapisseries, les fauteuils et autres objets qui sont instrumens du fonds et n'en font point partie. *Instrumentum fundi non est pars fundi.*

E

S I V.

A quoi reconnait-on certaines choses , comme meubles ou immeubles ?

Veut - on maintenant savoir à quels signes on peut reconnaître les choses cohérentes au sol et édifiées pour perpétuelle demeure ? Il faut distinguer :

A l'égard des fonds de terre , ce sont celles qui ne peuvent être ôtées sans être dépecées et désassemblées. Ainsi les moulins à vent , ceux à eau bâtis sur pilotis , les pressoirs à grand arbre ou à roue , font partie du sol et sont immeubles. Sont meubles au contraire les moulins à eau assis sur bateaux , et les petits pressoirs à auge.

Les échalas , bien que légèrement plantés en terre , et quoiqu'ils en soient séparés tous les hivers , sont immeubles , parce qu'ils ne font qu'un corps avec la vigne , servent à la completter , et qu'il manquerait quelque chose à celle-ci , en tant que vigne , si elle n'était échelassée.

Les pailles et fumiers d'une métairie en font également partie et suivent la nature des immeubles.

Les poissons en étang , les pigeons qui vont et reviennent , les lapins d'une garenne sont immeubles ; tandis qu'on regarde comme meubles les poissons en réservoir , les pigeons et lapins enfermés dans un clapier. La raison de cette différence est que les uns sont *in naturali laxitate* , c'est-à-dire , jouissent de leur liberté naturelle , et que les autres sont *sub nostrâ custodiâ*, sous notre garde et surveillance.

Quant aux fruits de la terre, ou ils sont encore attachés au sol , ou ils en sont séparés. Ils sont immeubles dans le premier cas , et meubles dans le second.

A l'égard des maisons , c'est une règle vicieuse que de classer les choses qui y sont contenues parmi les meubles ou les immeubles , selon qu'elles tiennent ou non à fer ou à clou , et qu'elles sont ou non scellées en plâtre ou en chaux. Par exemple : une glace, de quelque manière qu'elle soit appliquée à la cheminée ou au mur, est meuble lorsqu'elle a été placée par le locataire ou l'usufruitier. D'un autre côté , les clefs des portes d'un édifice , les planches qui servent à la fermeture d'une boutique sont immeubles , quoiqu'elles ne soient pas attachées à la maison.

Il vaut mieux distinguer d'abord les choses qui ont été placées dans la maison par le locataire ou l'usufruitier , de celles qui ont été placées par le propriétaire.

Les premières restent toujours meubles, pourvu que le locataire ou l'usufruitier puissent les enlever sans détériorer la maison , et qu'ils rétablissent les lieux dans l'état où ils les ont trouvés.

Les secondes ont été placées par le propriétaire ou pour l'ornement de la maison , *ad instruendam domum*, ou pour la completter, *ad integrandam domum*. L'application de cette règle est trop simple

et facile pour que je m'arrête à la développer. *Je*
ferai seulement observer que certaines choses qui,
si elles avaient été placées par le locataire ou l'usufruitier, retiendraient la qualité de meubles, placées
par le propriétaire sont censées faire partie de la
la maison, et suivent la nature des immeubles. De
ce nombre sont les tableaux encadrés dans la boiserie,
les alcoves, les glaces appliquées au mur brut, les
parquets d'un appartement, les chambranles d'une
cheminée, les grilles de fer d'une cour ou d'un jardin,
les statues posées sur des piédestaux, etc., etc.

Dans les bâtimens construits et destinés pour ma-
nufacturer, tels que sont les rafineries, les cuves et
chaudières enfoncées en terre, scellées et encastrées,
sont réputées faire partie de la rafinerie, y être mises
pour perpétuelle demeure, et servir à la completter.
Ce sont donc des choses immobiliaires.

Il n'en est pas ainsi des formes qui servent à mettre
les pains de sucre. Ces choses étant amovibles et
transportables de leur nature, sont considérées comme
simples ustensiles de laboratoire, comme garnitures
de la rafinerie. Or, tout ce qui n'est qu'ustensile et
garniture est meuble.

§ V.

Des différentes espèces de choses mobiliaires.

Les immeubles aujourd'hui sont tous à-peu-près
de même nature. Cependant, entre mari et femme,

on distingue les biens patrimoniaux des biens de communauté. Les premiers sont ceux que les conjoints possédaient avant leur mariage , ou qui depuis leur ont été transmis par succession. Les seconds sont ceux que, durant leur union , ils ont acquis des deniers de la communauté.

Les meubles se divisent en choses qui se meuvent d'elles-mêmes, ou non.

Dans la première classe sont les animaux ; dans la seconde , les végétaux et les minéraux.

Les choses qui ne se meuvent pas d'elles-mêmes sont fungibles, ou non. Sont fungibles celles qui périssent au premier usage, et que l'on est censé rendre en nature, lorsqu'on rend quantité pour quantité , qualité pour qualité. J'appelle non fungibles celles qui ne s'usent qu'à la longue , et que l'on peut rendre en nature, même après en avoir fait usage. De la première espèce sont le bled , le vin , l'huile et toutes les denrées ; à la seconde appartiennent une table , un habit , un fauteuil , et tous les meubles proprement dits.

§ VI.

Des choses incorporelles. — Qu'elles sont meubles ,
ou immeubles.

Les choses incorporelles sont celles qui n'ont qu'un être intellectuel et ne s'aperçoivent que par l'entendement, *quæ in jure consistunt et solo intellectu perci-*

piuntur : comme les droits réels et les créances de toute nature.

Les droits réels, c'est-à-dire, ceux que nous avons sur un héritage, tels que les rentes foncières, l'usufruit, l'usage, sont réputés choses immobiliaires ; car ces droits ne sont autre chose que l'héritage même sur lequel nous les exerçons, considéré comme nous appartenant à certain égard.

Les créances ont pour objet une chose ou un fait.

Les créances de chose suivent la nature de meuble, ou d'immeuble, selon que la chose due est mobiliaire ou immobiliaire. L'acquéreur d'une maison, qui ne lui a pas été livrée, est créancier d'un immeuble. Le vendeur, à qui le prix n'a pas été payé, n'est créancier que d'une chose mobiliaire.

Les créances d'un fait, quel qu'il puisse être, sont toutes mobiliaires. La raison en est que nul ne peut être contraint à faire quelque chose, et que toutes les obligations de cette espèce sont résolubles en dommages et intérêts, qui consistent en une somme d'argent.

Tout rente constituée, soit viagère, soit perpétuelle, est mobiliaire.

L'achat d'une coupe de bois même sur pied, d'une récolte de fruits même pendans par les racines, ne produit encore qu'un droit mobilier ; car l'acheteur ne commence à être propriétaire de ces bois et de ces fruits que lorsqu'ils sont coupés et détachés du sol.

§ VII.

Des droits que nous avons à l'égard des choses.

Pothier considère, à l'égard des choses qui sont dans le commerce, deux espèces de droits ; le droit que nous avons dans une chose, qu'on appelle *jus in re* ; et le droit que nous avons par rapport à une chose, qu'on appelle *jus ad rem*.

Le premier, *jus in re*, est le droit par lequel une chose nous appartient, au moins à certains égards : tels sont les droits de propriété, de rente foncière, de servitude et d'hypothèque.

Le second, *jus ad rem*, est celui qui naît des obligations, et qui ne consiste que dans l'action personnelle que nous avons contre celui qui a contracté l'obligation, ou celui qui lui a succédé, aux fins qu'il soit condamné à nous donner la chose, si elle est en son pouvoir, ou à nos dommages et intérêts résultans de l'inexécution de l'obligation.

Mais cette division est absolument imparfaite ; car elle ne comprend ni le possesseur ni le simple détenteur, qui n'ont en effet aucun droit, ni dans les choses ni aux choses. Cependant ils ont bien évidemment un droit quelconque, par rapport aux choses. Le premier a droit à la possession, vis-à-vis de tous autres que le véritable propriétaire ; le second a droit de détenir les choses, même quelquefois contre le propriétaire.

Il faudrait donc ajouter une troisième espèce de droit, que j'appellerais *droit sur la chose.*

Au surplus, je ne fais cette division de nos droits à l'égard des choses particulières, que pour me conformer à l'ancien usage. Elle est inutile à l'ordre de mon travail.

§ V I I I.

Division du traité des choses.

Je traiterai, 1°. de la possession, considérée comme simple fait, et des droits qu'elle nous donne sur les choses ; 2°. de la propriété, des servitudes qui sont un démembrement de la propriété, et la partagent, en quelque sorte, avec ceux à qui elles sont dues ; 3°. des obligations, c'est-à-dire, de toutes les conventions particulières qui nous donnent un droit quelconque à la chose d'un autre ; 4°. des successions et des testamens qui nous font acquérir la propriété des choses de ceux qui ne sont plus.

Je parlerai des hypothèques et des rentes foncières au chapitre des obligations, et non à celui de la propriété.

En effet, bien qu'elles soient réputées droits réels, ce ne sont que de simples charges, et non de véritables démembremens de la propriété. Elles ne font pas, comme les servitudes, que nous jouissions de la chose même, en même tems que le propriétaire : elles nous ouvrent seulement un droit à rentrer dans la chose, ou à en toucher le prix, faute de paiement de notre créance. Elles sont des droits réels, parce que la chose même est affectée à notre créance ; mais le propriétaire pouvant à chaque instant s'en libérer par le remboursement, lui seul a véritablement un droit dans sa chose. Il est donc plus convenable de les placer sur la même ligne que les autres obligations.

TROISIÈME LEÇON.

De la possession, — de ses différentes espèces, — comment elle s'aquièrent.

PARAGRAPHE PREMIER.

De la possession en général.

L A possession, en général, est la détention d'une chose corporelle que nous tenons en notre puissance, ou par nous-mêmes, ou par quelqu'un qui la tient pour nous et en notre nom.

Je dis *d'une chose corporelle,* car les choses incorporelles ne peuvent pas proprement être possédées ; mais elles sont susceptibles d'une quasi-possession ; dont les effets sont les mêmes.

Les jurisconsultes romains ont long-tems discuté pour savoir si deux personnes peuvent posséder à-la-fois la même chose pour le total. Je résoudrai la question en répondant oui et non. Deux personnes ne peuvent pas, sans contredit, posséder chacune *séparément*

F

pour le total une même chose ; mais elles la possèdent *conjointement* chacune pour le total : c'est ce qu'on nomme la possession par indivis.

On distingue deux espèces de possessions : la possession directe et la possession contraire.

§ I I.

De la nue détention.

La possession contraire ou improprement dite , et qui s'appelle nue détention , est celle d'une chose que nous tenons en notre puissance, pour et au nom de celui qui en est le possesseur direct.

La nue détention doit toujours être fondée sur un titre ; et c'est la nature de ce titre qui en détermine les effets particuliers. Pour ne pas nous exposer à des répétitions , nous remettrons à nous en occuper aux articles des contrats de louage , de prêt , de dépôt et autres titres , en vertu desquels nous détenons une chose pour et au nom de celui qui en est le possesseur direct.

§ I I I.

De la possession proprement dite.

La possession directe ou proprement dite, qui seule retient en droit le nom de possession , est celle d'une chose corporelle que nous tenons en notre puissance pour nous et comme à nous appartenante, soit que nous la détenions par nos propres mains, ou par celles d'un fermier , commodaire, dépositaire , et tous autres la détenant pour nous et en notre nom.

C'est de cette seule possession que nous allons nous occuper.

Il y en a deux espèces : la possession civile et la possession purement naturelle.

§ I V.

De la possession civile.

La possession civile est celle de celui qui est , en effet , ou se croit de bonne foi véritable propriétaire : *possessio animo dominantis.*

Quatre choses sont requises pour constituer la possession civile : un titre, un titre juste , un titre valable et la bonne foi.

On appelle *titre de possession* tout contrat ou acte en conséquence duquel quelqu'un a été mis en possession d'une chose.

Un *titre juste* est tout contrat , ou acte de nature , à transférer la propriété par la tradition qui se fait en conséquence : comme la vente, l'échange, la donation , etc. Il est indifférent, au surplus, que ce titre ait effectivement transféré la propriété au possesseur , ou que, par défaut de pouvoir d'aliéner dans celui de qui le possesseur tient la chose , le titre , lui ait seulement donné un juste sujet de se croire propriétaire.

Un *titre valable* est celui passé par quelqu'un capable d'aliéner à une autre personne capable de recevoir , et non prohibé par les lois. Il faut discerner avec soin la capacité d'aliéner du pouvoir d'aliéner. Celui qui n'est pas propriétaire n'a pas le pouvoir de transférer la propriété , mais il peut transférer la possession ; et le possesseur peut , par la prescription , acquérir la propriété. Mais celui qui est incapable d'aliéner , comme le mineur , l'interdit , la femme en puissance de mari , ne peuvent transférer ni la propriété ni la possession.

La bonne foi est la juste opinion qu'a le possesseur qu'il a acquis la propriété : *justa opinio quasiti dominii.*

§ V.

De la possession naturelle.

La possession naturelle est celle qui ne réunit pas les quatre qualités ci-dessus mentionnés. Il y en a donc de quatre espèces : 1°. celle qui est destituée de tout titre , et dont le possesseur ne peut pas donner une bonne raison pourquoi il possède ; 2°. celle dont le titre n'est pas de nature à transférer la propriété , mme la possession du séquestre , de l'engagiste , de usufruitier ; 3°. celle dont le titre est juste , mais nul ; 4°. celle qui , étayée d'un titre juste et valable , est infectée de mauvaise foi , de violence ou de clandestinité.

La mauvaise foi est la connaissance qu'a le possesseur que la chose qu'il possède , et dont il se porte pour propriétaire , ne lui appartient pas : *scientia rei alienæ.*

La possession violente est celle de celui qui , pour

l'acquérir , a employé la force ouverte contre l'ancien possesseur.

On appelle clandestinité la possession que quelqu'un a acquise d'une chose, en se cachant de celui qu'il craignait de voir la revendiquer.

Remarquons , dès à présent , une différence bien essentielle entre ces quatre espèces de possessions naturelles.

Lorsque la première a été d'assez longue durée pour faire présumer un titre , elle peut , par le laps de tems , devenir possession civile. Les trois autres , au contraire , ne peuvent jamais être que des possessions purement naturelles. La mauvaise foi , la violence et la clandestinité , l'injustice ou la nullité du titre réclament perpétuellement contre la qualité de possession civile , de possession *animo dominantis.*

Ajoutons que , pour établir une possession quelconque , il faut indispensablement détenir la chose pour soi et en son nom. Ainsi , les fermiers , les locataires , les dépositaires , les commodataires , les gardiens ou commissaires établis à une saisie , et tous autres qui détiennent une chose pour et au nom d'un autre , n'ont pas même une possession naturelle. Il n'en est pas ainsi des séquestres , engagistes et usufruitiers. Ceux-ci ne peuvent pas , à la vérité , prétendre à la possession civile , parce qu'ils ont un titre injuste ; mais ils ont la possession naturelle , parce qu'ils détiennent la chose pour eux et en leur nom.

§ V I.

*On ne peut se changer à soi-même le titre et la qualité
de sa possession.*

C'est ici que se place naturellement cet ancien
axióme de droit que nul ne peut, par sa seule volonté,
ni par le seul laps de tems, se changer à soi-même la
cause de sa possession. *Illud a veteribus præceptum est
neminem sibi ipsum causam possessionis mutare posse.*

Si donc il paraît qu'une chose que je possède m'ait
été donnée à titre d'engagement, ayant commencé
à posséder à ce titre, quelque déclaration que je
fasse, quelque long-tems qui s'écoule, tant qu'il ne
paraîtra pas d'autre titre survenu depuis, moi, mes
héritiers, les héritiers de mes héritiers *in infinitum,*
nous continuerons toujours à la posséder à ce même
titre d'engagement, lequel titre résistera toujours à
la prescription que nous pourrions prétendre de cette
chose.

Pareillement, si l'héritage dans lequel je suis m'a
été donné à ferme ou à loyer, soit à moi, soit à
quelqu'un dont je suis l'héritier médiat ou immédiat, quelque long tems qui se soit écoulé depuis le
bail, depuis quelque tems que j'aie cessé d'en payer
la ferme ou le loyer, tant qu'il ne paraît pas d'autre
titre survenu depuis, je suis censé avoir toujours
continué de tenir cet héritage, en qualité de fermier

ou de locataire, de celui qui en a fait le bail, ou de ses héritiers.

Ce qui est vrai de la cause et du titre de la possession l'est aussi de ses qualités et de ses vices. Telle elle a commencé, telle elle continue toujours. Par exemple, une possession qui a commencé par être une possession précaire, ou violente, ou clandestine, ou de mauvaise foi, continuera toujours d'être une possession précaire, ou violente, ou clandestine, ou de mauvaise foi, non-seulement dans la personne de celui dans qui elle a commencé, mais aussi dans celle de ses héritiers et des héritiers de ses héritiers *in infinitum*, quelque bonne foi qu'ils eussent eux-mêmes.

La raison de cette transmissibilité aux héritiers des vices de la possession de leur auteur, est que les héritiers ne sont autre chose que la continuation de la personne du défunt. Or, la possession dans laquelle ils ont succédé au défunt est la même que celle qu'avait le défunt; elle doit donc continuer avec les qualités et les vices qu'elle avait lorsqu'elle a commencé.

§ V I I.

Comment s'acquiert la possession.

Deux conditions sont requises pour acquérir la possession d'une chose : la volonté de la posséder, et la préhension de la chose.

Que la volonté de posséder une chose soit la pre-

mière condition requise pour en acquérir la possession, cela ne fait aucun doute, et n'exige aucun développement. J'en déduirai seulement cette conséquence : que les foux, les insensés, les enfans,
et autres qui n'ont pas l'usage de leur raison,
étant incapables de volonté, sont incapables d'acquérir par eux-mêmes la possession d'aucune chose,
et ne le peuvent que par le ministère de leurs tuteurs
ou de leurs curateurs. Il en est ainsi des communautés
et des hôpitaux, qui ne veulent et n'agissent que par
leurs syndics et administrateurs.

Il n'est pas moins évident que la possession est in-
complette, si la préhension de la chose ne se joint à la
volonté de posséder. Mais cette préhension peut s'o-
pérer, non-seulement par nous-mêmes, mais aussi
par un tiers, pourvu que celui-ci ait bien l'intention
d'acquérir pour nous et en notre nom. Si donc il s'agit
d'un meuble, il faut qu'il soit remis entre mes mains,
ou en celles de quelqu'un qui le reçoive pour moi et
en mon nom. Est-il question d'un héritage, il faut
que je m'y transporte pour en prendre possession, ou
que quelqu'un s'y transporte de mon ordre pour s'en
mettre en possession de ma part.

Néanmoins il n'est pas toujours nécessaire d'enlever
une chose, ou de se transporter sur les lieux pour en
prendre possession. Nous verrons, par la suite, que la
tradition fictive et symbolique équivaut à la préhension corporelle.

QUATRIÈME LEÇON.

SUITE DE LA POSSESSION.

§ VIII.

Comment la possession se retient et se conserve.

La possession se retient et se conserve comme elle s'acquiert, non-seulement par nous-mêmes, mais par d'autres qui la détiennent pour nous et en notre nom, même par leurs héritiers, sous-fermiers et sous-locataires, et autres qui peuvent la détenir pour eux.

Cependant la conservation de la possession diffère en deux points de l'acquisition :

1°. La seule volonté de posséder une chose suffit pour nous en conserver la possession, quoique nous ne la détenions pas corporellement, ni par nous, ni par d'autres. Cette volonté se suppose toujours tant qu'il ne paraît pas une volonté contraire bien marquée. Il suffit même d'une volonté négative. Je suis censé persévérer dans la volonté de posséder une chose, tant que je ne l'ai pas révoquée par une volonté contraire.

2°. Pour que nous retenions la possession d'une chose, il n'est pas nécessaire que ceux par qui nous la possédons, conservent la volonté de la détenir pour nous. Ainsi, quand même celui qui a commencé d'être en possession d'une chose pour moi et en mon

G

nom changerait de volonté , et aurait celle de ne la plus détenir en mon nom , mais au sien , il serait toujours réputé la détenir en mon nom , et je continuerais de la posséder par lui.

§ I X.

Comment se perd la possession.

Nous pouvons perdre la possession d'une chose ou par notre volonté, ou malgré nous.

Nous la perdons, par notre volonté, de deux manières : par la tradition que nous faisons de la chose à quelqu'un, et par un abandon pur et simple.

La tradition que nous faisons d'une chose à quelqu'un ne nous fait perdre la possession qu'autant que nous avons la volonté de la transférer. Peu importe , au surplus, que la tradition soit réelle ou fictive.

Lorsque la tradition a été faite purement et simplement, nous sommes dépossédés de suite, et par le seul fait de la tradition. Mais si nous y avons attaché quelque condition, nous ne perdons la possession qu'au moment où la condition , sous laquelle nous l'avons transférée, est accomplie.

L'abandon pur et simple ne suppose pas , comme la tradition , la volonté de transférer à un autre la possession. Le seul fait d'abandon dépossède.

Pothier cite deux exemples d'abandon pur et simple : celui d'une chose mobiliaire, lorsque nous jetons quelque chose dans la rue ou ailleurs , comme n'étant bonne à rien ; celui d'un héritage, lorsque nous en sortons à dessein de n'y plus revenir, et de ne le plus posséder.

Le déguerpissement que je fais d'un fonds de terre chargé d'une rente foncière, pour m'en décharger à l'avenir, est aussi un abandon pur et simple que je fais de la possession de cet héritage.

Pour savoir comment nous perdons la possession d'une chose malgré nous, il faut distinguer entre les immeubles et les meubles.

Nous perdons, malgré nous, la possession d'un immeuble, 1°. lorsque nous en sommes chassés, non-seulement nous, mais notre fermier, notre locataire, notre concierge, ou tous autres qui le détenaient pour nous, en notre nom. Il n'est même pas nécessaire qu'on nous en chasse : il suffit qu'on nous empêche d'y rentrer. 2°. Lorsque nous le laissons usurper par quelqu'un qui s'en est mis en possession, et en a joui pendant un an et jour, sans que nous ayons, de notre part, fait, pendant ce tems, aucun acte de possession, et sans que nous ayons apporté aucun trouble à sa puissance ; car, par cette jouissance d'an et jour, il a acquis la possession, et nous a, par conséquent, fait perdre la nôtre. 3°. Lorsque notre héritage est sub-mergé par la mer ou par la rivière : autre chose est d'une inondation passagère ; nous recouvrons notre possession après que la rivière s'est retirée.

A l'égard des choses mobiliaires, nous en perdons la possession malgré nous, lorsqu'elles cessent d'être sous notre garde ; c'est-à-dire , lorsqu'elles cessent d'être dans un lieu où nous puissions les avoir quand nous le voudrons , soit qu'elles nous aient été ravies ou dérobées, ou qu'elles soient égarées , de manière que nous ne sachions plus où elles sont, pourvu qu'elles soient déplacées, soit de notre maison , soit de l'endroit où nous les avions déposées.

§ X.

Des droits que donne la possession sur les choses.

La possession considérée comme simple fait, sans égard à son titre et à sa qualité , nous donne par elle-même certains droits sur les choses que nous détenons en notre puissance. Les uns sont particuliers aux possesseurs de bonne foi , les autres sont communs à tous les possesseurs , quels qu'ils soient.

§ X I.

Des droits particuliers aux possesseurs de bonne foi.

Les droits particuliers aux possesseurs de bonne foi sont : 1°. le droit d'acquérir , par la prescription , la propriété de la chose possédée , après l'accomplissement du tems de possession réglé par la loi; 2°. celui de percevoir à son profit les fruits de la chose , jusqu'à ce qu'elle soit revendiquée par le propriétaire , sans être tenu de les rapporter et d'en faire raison lorsqu'il la revendiquera ; 3°. le droit qu'a le possesseur de

revendiquer la chose , quoiqu'il n'en soit pas propriétaire, contre celui qui s'en trouve en possession sans
titre.

§ X I I.

Des droits communs à tous les possesseurs.

Les droits communs à tous les possesseurs consistent, 1°. à être réputés, par provision, propriétaires
de la chose qu'ils possèdent , tant qu'elle n'est pas revendiquée par le véritable propriétaire , ou par celui
qui a droit de la revendiquer ; 2°. à percevoir les
fruits , sauf à en faire raison s'ils possèdent de mauvaise foi ; 3°. à se faire maintenir dans leur possession
lorsqu'ils y sont troublés ; 4°. à s'y faire rétablir lorsqu'ils en ont été dépossédés par violence.

C'est de ces deux derniers droits que nous allons
parler , sous les noms de *complainte* et de *réintégrande.*

§ X I I I.

De la complainte en cas de saisine et nouvelleté.

La complainte est une action possessoire que le
possesseur d'un héritage ou d'un droit réel , ou d'une
universalité de meubles, a contre celui qui le trouble
dans sa possession , aux fins qu'il y soit maintenu ,
et qu'il soit fait défense à celui qui l'y trouble de l'y
troubler.

Comme l'observe Pothier, ce terme de *complainte*

convient d'une manière particulière au cas pour lequel cette action est intentée; car chacune des parties s'y plaint réciproquement du trouble apporté par l'autre à la possession que chacune d'elles prétend avoir de l'héritage qu'elles se contestent.

Le mot *saisine* signifie la même chose que *possession;* et celui de *nouvelleté* se prend pour le trouble que quelqu'un prétend avoir été apporté à sa possession par quelque nouvelle entreprise de son adversaire.

Des lois qui l'établissent.

L'ordonnance de 1667 et la coutume de Paris ne laissent aucun doute sur la nature, l'objet et les effets de la complainte.

La première, *tit. XVIII, art. I,* s'exprime ainsi : « Si « aucun est troublé en la possession et jouissance d'un « héritage ou droit réel, ou universalité de meubles, « qu'il possédait publiquement, sans violence, à « autre titre que de fermier ou possesseur précaire, « il peut, dans l'année du trouble, former com-« plainte, en cas de saisine et nouvelleté, contre « celui qui lui a fait ce trouble. »

L'article XCXVI de la coutume de Paris n'est pas moins précis : « Quand le possesseur d'aucun héri-« tage, ou droit réel réputé immeuble, est troublé « et empêché en sa possession et jouissance , il « peut et lui loist soi complaindre et intenter pour-« suite en cas de saisine et nouvelleté, dans l'an

« et jour du trouble à lui fait , et donné audit hé-
» ritage ou droit réel , contre celui qui l'a troublé. »

Des troubles qui y donnent lieu.

Il y a deux espèces de troubles pour lesquels on peut intenter la complainte : celui de fait et celui de droit.

Le trouble de fait consiste dans tout ce que quelqu'un entreprend sur un héritage dont je suis en possession , soit en le labourant , soit en coupant les fruits qui y sont produits , soit en abattant quelque arbre , soit en arrachant quelque haie , soit en ouvrant un fossé , soit en en comblant un , etc.

Le trouble de droit est celui qui résulte de quelque demande judiciaire , par laquelle quelqu'un me disputerait la possession que je prétends avoir de quelque héritage. L'action en revendication exercée par le propriétaire n'est pas réputée trouble de droit. La demande judiciaire dont il s'agit ici n'est relative qu'aux actions possessoires qui pourraient être intentées par des tiers.

Pour quelles choses a-t-elle lieu ?

La complainte peut être intentée , 1°. pour les maisons et fonds de terre ; 2°. pour les droits réels que nous avons dans un héritage ; 3°. pour une universalité de meubles, par exemple, pour une succession mobiliaire. La coutume de Paris la dénie formellement pour de simples meubles. « Aucun, *dit l'art.*

« *XCXVII*, n'est recevable de soi complaindre et
« intenter les cas de nouvelleté pour une chose mo-
« biliaire particulière, mais bien pour une univer-
« salité de meubles, comme en cas de succession
« mobiliaire. »

Au profit de qui s'ouvre-t-elle ?

Il n'y a que le possesseur d'un héritage , c'est-à-
dire , celui qui le détient pour lui et en son nom, qui
soit fondé à intenter la complainte , soit qu'il possède par lui-même ou par d'autres, soit qu'il possède
justement ou injustement ; car il n'est pas question
du droit , mais du seul fait de la possession.

Le mari , comme maître de la communauté, peut,
constant le mariage, former la complainte pour les
héritages propres de sa femme.

Celui dont l'héritage est saisi réellement en conserve la possession ; et, dès lors, a l'action de complainte lorsqu'il y est troublé par des tiers.

Les fermiers et locataires, qui ne sont détenteurs
que pour un autre et en son nom , ne sont pas admis
à exercer la complainte. Ils n'ont que l'action *ex con-
ducto*, s'ils sont troublés dans leur jouissance par le
propriétaire , et l'action *in factum*, si c'est par un
tiers.

Contre qui peut-elle être intentée ?

Tout possesseur, au surplus, peut intenter la complainte contre tous ceux , quels qu'ils soient , qui le

troublent dans sa possession , même contre le véritable propriétaire. Celui-ci n'est reçu ni à justifier ,
ni même à alléguer son droit de proprié é , jusqu'à
ce que l'action en complainte, que le possesseur a
formée contre lui , ait été instruite et entièrement
terminée par un jugement qui maintienne le possesseur en sa possession.

Ce dernier cas, néanmoins , souffre une exception.
Ceux qui ont usurpé leur possession par violence ou
clandestinement, ou dont la possession n'est que précaire , ne sont pas admis à intenter la complainte
contre celui sur lequel ils ont usurpé la possession
par ces voies , ou de qui ils la tiennent précairement.
Ils n'y sont fondés que contre des tiers.

§ X I V.

De la réintégrande.

On appelle *réintégrande* l'action ouverte au possesseur dépossédé par violence. Le mot s'explique de
lui-même. Ce n'est presque autre chose que la complainte étendue au cas de force et de dessaisine. Je
résumerai en peu de mots la nature, l'objet et les
effets de cette action.

*Pour quelles choses, en quel cas, au profit de qui, contre
qui a-t-elle lieu?*

1°. La réintégrande n'a lieu que pour les immeubles,
soit fonds de terre , soit maisons.

2°. Elle s'ouvre en cas de force et de dessaisine exercée soit en chassant le possesseur, soit en l'empêchant de rentrer dans son héritage, soit contre le possesseur lui-même, soit contre son concierge, locataire ou fermier.

3°. Elle appartient à tout possesseur, même de mauvaise foi, même encore à celui qui a usurpé la pos session par violence ou clandestinement.

4°. Elle atteint quiconque a employé la violence pour chasser le possesseur, soit qu'il l'ait employée lui-même, soit qu'il l'ait seulement ordonnée, soit que, sans l'avoir ordonnée, il l'ait depuis approuvée.

5°. Elle diffère de la complainte en ce que tout le possesseur, même par violence, peut l'exercer contre le propriétaire lui-même, qui aurait à son tour usé de violence pour rentrer dans son propre bien.

De ses effets.

Cette action donne droit au spolié, 1°. à être rétabli en possession de l'héritage dont il a été dépossédé, ou à la restitution du prix, s'il n'est plus au pouvoir du spoliateur de lui rendre la possession de la chose elle-même. 2°. A la restitution de toutes les choses qui se sont trouvées dans l'héritage, lorsqu'il en a été dépossédé, soit qu'elles lui appartinssent ou non. 3°. A la restitution de tous les fruits de l'héritage, depuis le jour qu'il en a été dépossédé, même de ceux que le spoliateur n'a pas perçus, et que le spolié aurait pu percevoir s'il n'eût pas été dépossédé. 4°. A une indemnité, qui se résout en dommages et intérêts, lesquels portent non-seulement sur les pertes qu'il a souffertes, mais sur tout le gain dont il a été privé par la dépossession.

§ X V.

Dans quels délais doivent être intentées la complainte et la réintégrande ?

La réintégrande, ainsi que la complainte, doivent être intentées dans l'an et jour ; et, faute de les avoir exercées dans ce tems utile, elles sont périmées par une fin de non-recevoir. Il ne reste au spolié que l'action en revendication.

Une chose est particulière à la réintégrande, c'est que celui qui a été dépossédé par violence peut agir par action civile et ordinaire, ou extraordinairement par action criminelle. Mais, ajoute l'ordonnance de 1667 : « S'il a choisi l'une de ces deux actions, il ne « pourra se servir de l'autre, si ce n'est qu'en pro- « nonçant sur l'action extraordinaire, on lui eût ré- « servé l'action civile. » (*Tit. XVIII, art. II.*)

Tels sont les principes généraux de la possession considérée comme un simple fait ; mais, pour être utile, entière, parfaite, il faut qu'elle soit fondée sur le droit de propriété.

CINQUIÈME LEÇON.

DE LA PROPRIÉTÉ.

PARAGRAPHE PREMIER.

Idées nettes de la Propriété.

La propriété se définit le droit de disposer à son gré d'une chose, sans, néanmoins, donner atteinte au droit d'autrui, ni aux lois. Chaque mot de cette définition exige quelque développement.

Le droit de disposer comprend, 1°. celui d'avoir tous les fruits qui naissent de la chose. 2°. Celui de se servir de la chose, non-seulement pour les usages auxquels elle est naturellement destinée, mais pour quelque usage que ce soit, par exemple : de loger des bestiaux dans une chambre qui, par sa destination naturelle, ne doit être habitée que par des hommes. 3°. Celui de changer la forme de sa chose, soit en mieux, soit en pire. 4°. Celui de perdre entièrement sa chose : il est loisible à chacun de jeter son argent dans la rivière ; 5°. Celui d'empêcher tous autres de se servir de sa chose, ceux-là seuls exceptés qui y seraient fondés en vertu de quelque droit de servitude, ou auxquels il en aurait, par convention, concédé un certain usage.

6°. Enfin, celui d'aliéner sa chose, de la grever au profit d'un tiers de telles charges qu'il voudra, ou d'en permettre tel usage qu'il avisera.

J'ai subordonné, par ma définition, le droit de disposer à la double obligation, de ne porter atteinte, ni au droit d'autrui, ni aux lois.

Aux droits d'autrui. Ce qui doit s'entendre, non-seulement du droit actuel que d'autres ont sur cet héritage, mais du droit de ceux auxquels il peut passer un jour, non-seulement encore des droits réels dont il est grevé, mais aussi du droit des propriétaires et possesseurs des héritages voisins.

Aux lois. En effet, quelque étendu que soit le droit d'un propriétaire de faire de sa chose ce que bon lui semble, il ne peut néanmoins faire ce que les lois défendent. Par exemple : bien que le droit de propriété renferme celui de vendre sa chose et de la transporter partout, il n'est pas néanmoins permis d'exporter son bled hors l'état, lorsqu'une loi défend l'exportation. Il n'est pas permis non plus à un cultivateur ou fermier de vendre une quantité considérable de bled dans ses greniers, surtout dans un tems de disette, au mépris des lois de police qui ordonnent de le mener et de le vendre au marché.

§ I I.

Des modifications de l'exercice du droit de propriété.

Sauf ces deux conditions essentielles , le droit de propriété n'admet aucune restriction, quant au fond du droit ; mais l'exercice peut en être modifié ou suspendu , soit par un défaut dans la personne du propriétaire , soit par l'imperfection du droit lui-même.

Des personnes incapables d'aliéner.

Les défauts dans la personne du propriétaire sont : l'âge de minorité, la démence , l'interdiction , la mort civile , la sujettion d'une femme mariée à la puissance de son mari. Un mineur , un insensé , un interdit, une femme mariée , sont bien réellement et bien véritablement propriétaires , mais ils ne peuvent exercer leurs droits que par le ministère de leur tuteur , curateur ou mari , qui , eux-mêmes , sont soumis à certaines formalités , propres à empêcher l'abus du pouvoir.

Des imperfections du droit de propriété.

La propriété est imparfaite , 1°. lorsqu'elle doit se résoudre au bout d'un certain tems , ou par l'évènement d'une certaine condition ; 2°. lorsque l'héritage est grevé de droits réels envers des tiers ; 3°. et surtout lorsque l'usufruit en est séparé. On l'appelle, en ce dernier cas , propriété nue , *nida proprietas.*

Celui qui n'a qu'une propriété résoluble ne peut ni mésuser de son héritage , ni le perdre, ni en changer la forme, au préjudice de celui auquel il doit retourner. Il ne peut pareillement ni l'aliéner, ni le grever d'aucun droit au profit d'un tiers , que pour le tems que doit durer sa propriété.

Celui dont l'héritage est grevé de droits réels envers des tiers , ne peut rien faire qui donne atteinte à ces droits. Doit-il une servitude? il ne peut rien faire dans le lieu de son héritage où elle doit s'exercer , qui nuise à cet exercice. Est-il chargé d'une rente foncière? il ne peut ni mésuser de son héritage , ni le dégrader : il doit le conserver en bon état.

Celui qui n'a qu'une propriété nue , n'a aucun droit aux fruits qui naissent de son héritage , tant que doit durer l'usufruit ; il ne peut pareillement, sans le consentement de son usufruitier , ni changer la forme de l'héritage , ni rien détruire , ni rien construire , ni le charger d'aucune servitude.

§ I I I.

Des manières d'acquérir la propriété selon le droit commun ou des nations.

Les diverses manières d'acquérir la propriété émanent du droit commun des nations ou droit civil particulier de chaque peuple.

Nous allons d'abord nous occuper des premières. Elles sont au nombre de cinq ; savoir : l'occupation, l'accession , la commixtion , la perception des fruits et la tradition.

§ I V.

De l'occupation.

L'occupation est l'acte par lequel nous devenons propriétaires de toute chose particulière , qui n'appartient à personne , et qui n'attend pas de maître, par cela seul que nous nous en emparons les premiers.

Ainsi , pour que l'occupation soit légale , il faut , 1°. qu'elle frappe sur une chose particulière : les choses qui ne sont pas dans le commerce, ne pouvant par leur essence appartenir à personne, ne sauraient aucunement devenir la propriété de qui que ce soit. 2°. Que cette chose particulière n'appartienne à personne : tout ce dont l'ancien maître n'a pas abdiqué la propriété ne peut changer de main que par vol , violence ou clandestinité ; 3°. que cette chose n'attende pas de maître : d'où il suit qu'une succession vacante , bien que l'héritier ne soit pas encore connu, n'est pas susceptible de l'occupation , parce qu'elle attend un maître.

On distingue cinq espèces d'occupation : la chasse , la pêche , l'oiselerie , l'invention et la spécification.

De la chasse , de la pêche et de l'oiselerie.

La chasse , qu'il est inutile de définir , nous transmet la propriété du gibier dont nous nous emparons. On appelle *gibier* tous les animaux sauvages, soit quadrupèdes, soit volatiles, tant qu'ils sont *in naturali laxitate*, ou qu'ils jouissent de leur liberté naturelle ; étant alors dans l'ancien état de communauté négative, et n'appartenant à personne, ils sont nécessairement la proie du premier occupant.

Les poissons qui sont dans la mer, dans les rivières, dans les lacs, n'appartiennent à personne ; et nous en acquérons la propriété par la pêche. Autre chose est de ceux qui sont dans un réservoir : comme ils sont *sub manu*, c'est-à-dire, en la possession de celui qui les y garde, les pêcher sans son consentement, c'est commettre un vol.

Il est également permis de prendre à la pipée, ou avec des pots à passes, et même de tuer au vol les oiseaux de toute espèce, hors ceux qui sont domestiques ou apprivoisés.

Des bêtes sauvages, domestiques et apprivoisées.

A cet égard, pour éviter toute erreur, il faut distinguer entre les bêtes sauvages celles domestiques et celles apprivoisées.

Les bêtes sauvages sont celles qui, de leur nature, sont errantes et vagabondes : comme le sanglier, le lion, le tigre, l'aigle, l'épervier, et tous les poissons, etc., etc.

I

Les bêtes domestiques sont celles qui naissent dans nos foyers , s'élèvent par nos soins, servent à notre usage , et ne s'éloignent jamais que pour revenir : tels sont les poules , les bœufs , les moutons , les chevaux , etc. , etc.

Les bêtes apprivoisées sont celles qui , de leur nature , sont sauvages , mais que notre industrie a rendues familières , et accoutumées à la domesticité. De cette espèce sont les abeilles , les pigeons , les paons , etc.

Il n'y a que les bêtes sauvages qui, de droit , puissent appartenir au premier occupant. Les bêtes domestiques font partie de notre mobilier ; et si elles venaient à s'égarer, celui qui nous les retiendrait commettrait un vol. Quant aux bêtes apprivoisées , elles sont aussi notre propriété , tant qu'elles sont sous notre garde ; et elles ne peuvent devenir la proie du premier occupant que , lorsqu'après une fuite prolongée , elles paraissent avoir perdu tout esprit de retour au toit domestique.

Peu importe , au surplus , que nous prenions, sur notre terrein ou sur celui d'autrui , le gibier , les poissons et les oiseaux qui sont susceptibles d'occupation. Il se peut , dans le dernier cas , que nous soyons condamnés à des dommages et intérêts ; mais nous n'en avons pas moins acquis la propriété de notre prise , quand même elle nous serait ensuite confisquée.

De l'invention.

L'invention est une quatrième espèce d'occupation par laquelle celui qui trouve une chose qui n'appartient à personne en acquiert la propriété en s'en emparant.

Nous acquérons de cette manière,

1°. Les îles inhabitées de la mer ;

2°. Les cailloux, même précieux, et les coquillages qui se ramassent sur le bord de la mer ou des rivières, et toutes les choses que nous trouvons sur la voie publique, et que le propriétaire a délaissées : Je dis *délaissées* ; quant aux choses simplement égarées, telles qu'un cheval, une vache ou quelqu'autre animal qu'on trouve errer sans conducteur, une bourse d'argent, un meuble quelconque, trouvés dans un chemin où quelqu'un les a laissés tomber sans s'en apercevoir ; bien que le propriétaire en soit inconnu, tant qu'il n'est pas présumé en avoir abdiqué la propriété, elle lui est conservée.

3°. Le trésor que nous exhumons de notre sol, et de l'enfouissement duquel il n'existe pas de trace.

Je dis, premièrement, *que nous exhumons de notre sol* ; car le trésor que nous tirons du terrein d'autrui ne nous appartient aucunement, à moins que nous ne l'ayons trouvé par cas fortuit, et en creusant par les ordres et pour le compte du maître de l'héritage. Alors ce trésor se partage par moitié entre le propriétaire du sol et celui qui l'en a extrait.

Je dis, en second lieu, *de l'enfouissement duquel il n'existe pas de trace ;* car s'il existe quelqu'indice ou présomption qui fasse connaître la personne qui a caché l'argent ou la chose trouvée, ce n'est plus un trésor ; la chose doit être rendue à celui qui l'a cachée, ou à ses héritiers. « *Thesaurus*, dit le jurisconsulte Paul, *est vetus quædam depositio pecuniæ, cujus non extat memoria, ut jam dominum non habeat. Alioquin, si quid aliquis, vel lucri causâ, vel metûs, vel custodiæ, condiderit sub terrâ, non est Thesaurus, cujus etiam furtum fit.*

§ I V.

De la spécification.

Le cinquième genre d'occupation est la spécification ou l'acte par lequel celui qui a donné l'être à une nouvelle substance avec une matière qui ne lui appartenait pas, devient propriétaire de la nouvelle substance.

Quatre conditions sont requises pour que celui à qui la matière appartenait en perde la propriété.

1°. Il faut que celui qui a fabriqué la nouvelle substance l'ait faite pour lui et pour son compte : car s'il a travaillé au nom et pour celui à qui la matière appartenait, il n'est pas douteux que la chose appartienne à celui-ci. C'est comme si c'était lui-même qui l'eût faite ; l'autre n'a fait que lui prêter son bras et son ministère.

2°. L'auteur de la nouvelle substance doit être de bonne foi, c'est-à-dire, avoir ignoré que la matière ne lui appartenait pas. Autrement, il a commis un vol ; et la mauvaise foi ne peut jamais être le fondement de la propriété.

3°. Il faut que la chose ne puisse pas être rappelée à sa première forme. Par exemple , si j'ai fait une statue avec un bloc de marbre qui vous appartenait, la statue ne peut plus redevenir le même bloc ; il y a lieu à la spécification. Mais si j'ai fait un vase d'argent avec votre lingot , vous restez propriétaire de votre lingot , parce que le creuset peut rendre sa première forme au vase que j'ai fabriqué.

4°. Enfin il n'est pas nécessaire que la chose ne puisse redevenir précisément ce qu'elle était ; il faut qu'elle ait perdu sa forme substantielle et principale pour passer dans une autre. Mais si ma chose , en conservant toujours sa forme principale et substantielle, reçoit seulement de quelqu'un l'addition de quelque forme accidentelle : comme si un teinturier donnait à ma laine une teinture de pourpre qu'elle n'avait pas, je conserve la propriété de ma laine , parce que , bien que teinte en pourpre , elle est toujours de la laine , et conserve toujours sa forme de laine qui est la forme principale et substantielle; la couleur de pourpre qu'on lui a donnée n'est qu'une forme adventice et accidentelle. Pareillement , les grains de froment que vous avez fait sortir de mes épis, le vin que vous avez fait avec mon raisin , l'huile que vous avez fabriquée avec mes olives , ne cessent pas de m'appartenir , parce que les grains étaient renfermés dans mes épis , le vin dans mon raisin , et l'huile dans mes olives. Vous ne leur avez pas donné une nouvelle forme.

SIXIÈME LEÇON.

Suite de la propriété et des manières de l'acquérir, selon le droit des nations.

§ V.

De l'accession.

L'ACCESSION est le mode d'acquisition émané du droit des nations, par lequel, de deux choses ajoutées l'une à l'autre, celle qui n'est qu'accessoire appartient au maître de la chose principale.

Il y a deux espèces d'accession : naturelle et artificielle.

L'accession naturelle est celle qui a lieu sans le fait et l'industrie des hommes. J'acquiers, de cette manière ,

1°. Tout ce qui naît de ma chose : les petits de mes troupeaux, les moissons de mes guérets, les arbres de mon sol et les fruits qui en naissent.

2°. La terre que la fluctuation insensible d'un fleuve ajoute à la mienne , par degrés si imperceptibles qu'on ne puisse déterminer ni la quantité ajoutée , ni la durée de l'alluvion.

3°. La glèbe que les flots ont jointe tout-à-coup , et par violence , à la mienne, mais seulement après qu'elle s'y est tellement unie , que les deux ne semblent plus faire qu'un seul corps , une seule glèbe ;

4°. Les îles et les lits abandonnés d'une rivière , quant à la partie située entre le milieu du lit et la rive contigüe à mon terrein.

L'accession artificielle est celle qui provient du fait et de l'industrie des hommes. Pour distinguer ici quelle est la chose principale , il y a trois règles à observer.

Première règle. — Lorsque de deux choses qui composent un tout, l'une ne peut subsister sans l'autre , et l'autre peut subsister séparément , c'est cette dernière qui en est regardée comme la principale partie; l'autre n'en est que l'accessoire. Par exemple , je deviens propriétaire de tout bâtiment élevé sur mon terrein , de toutes plantations et de toutes semences faites sur mon sol , de toutes lettres écrites sur mon papier , de tous caractères gravés sur ma planche. Les romains exceptaient de cette règle le portrait ou le tableau peints sur une toile étrangère. La toile cédait à la peinture , à cause de l'excellence de l'art.

Seconde règle. — Lorsque de deux choses appartenantes à différens maîtres , et dont l'union forme un tout , chacune peut subsister sans l'autre , celle-là est la partie principale pour l'usage , l'ornement ou le complément de laquelle l'autre lui a été ajoutée. Si donc vous avez monté mon diamant sur votre or, si vous avez placé mon tableau dans votre cadre , si vous avez cousu à mon habit votre galon , ou si vous l'avez doublé de votre fourrure ; votre or , votre cadre , votre galon , votre fourrure deviennent ma propriété par droit d'accession , car il n'est pas douteux qu'ils ne peuvent servir qu'à l'ornement ou au complément de mon diamant , de mon tableau , de mon habit.

Troisième règle. — Lorsque de deux choses appartenantes à différens maîtres , et dont l'union forme un tout, chacun peut subsister sans l'autre , et l'une n'est pas plus faite pour l'autre que celle-ci pour celle-là ; la chose principale est celle qui surpasse de beaucoup l'autre en volume , ou en valeur , s'il y a parité de volume.

§ VI.

De la commixtion.

La troisième manière d'acquérir la propriété par le droit des nations est la commixtion , ou le mélange de deux choses appartenantes à deux personnes différentes.

Il y a deux espèces de commixtion : la commixtion proprement dite et la confusion.

La commixtion proprement dite est le mélange des choses solides. Elle donne lieu à la propriété indivise , mais seulement lorsqu'elle est faite par la volonté des deux maîtres , dans l'intention de rendre les choses communes , par une espèce de tradition réciproque.

La confusion se dit du mélange des choses liquides.

(73)

Elle a lieu ou par la volonté des deux maîtres, ou par cas fortuit, ou par la volonté d'un seul maître.

Si les deux maîtres sont d'accord, la propriété indivise est établie dans tous les cas possibles.

S'il y a cas fortuit, les choses peuvent ou non être rétablies telles qu'elles étaient. Dans le premier cas, point de communauté, chacun réclame sa chose. Dans le second cas, il y a nécessairement propriété indivise que les choses soient de la même espèce ou non.

Si la confusion n'a eu lieu que par la volonté d'un seul maître, les choses sont ou non de la même espèce. Si l'espèce est la même, il y a propriété indivise. Si les espèces sont différentes, les choses peuvent ou non être rétablies dans leur premier état. Dans le premier cas, chacun peut revendiquer sa chose; dans le second, le tout appartient à l'auteur du mélange.

§ V I I.

De la perception des fruits.

La perception des fruits est une quatrième manière d'acquérir par le droit des nations, par laquelle les fruits perçus d'une chose étrangère sont acquis à l'usufruitier, au fermier, au possesseur de bonne foi. Je dis *perçus d'une chose étrangère*, parce que les fruits perçus de notre chose nous sont acquis par droit d'accession, *vi ac potestate rei nostræ*.

K

J'entends par possesseur de bonne foi quiconque, trompé par de fausses apparences, a la persuasion intime que telle chose est la sienne : celui-là, par exemple, qui achète d'un homme qui n'a pas le droit de lui vendre, mais qu'il croit véritable propriétaire.

Le possesseur de mauvaise foi peut, à la vérité, percevoir les fruits de la chose qu'il possède. C'est même un devoir pour lui, puisqu'il devra compte un jour même de ceux qu'il n'aura pas perçus. Mais il ne les fait pas *siens*; il n'en acquiert pas la propriété par droit de perception.

On appelle *fruits* tous les produits d'une chose, soit qu'ils naissent et renaissent de son sein, soit qu'ils ne soient perçus qu'à son occasion.

Les fruits sont naturels ou civils.

Les fruits naturels sont ceux qui naissent et renaissent du sein même de la chose. On les distingue encore en purement naturels et en industriels. Ceux-là sont purement naturels qui naissent par le seul travail de la nature. Ceux-là sont industriels qui ont besoin de la culture de l'homme. De la première espèce sont les pommes et les poires des grands arbres, les foins, les noix, les olives, etc. Dans la seconde, sont classés les bleds, les légumes, les raisins, etc.

Les fruits civils sont ceux qui ne naissent pas du sein même de la chose, mais sont perçus à son occasion : tels que l'intérêt de l'argent, le loyer d'une maison, le fret d'un vaisseau.

SEPTIÈME LEÇON.

Suite de la propriété, — de la tradition.

S VIII.

De la tradition.

La tradition est la translation que fait une personne à une autre de la possession d'une chose. *Tradition est possessionis datio.*

On reconnaît quatre espèces de tradition : la tradition réelle, la tradition symbolique, la tradition *longæ mánus*, et la tradition *brevis manûs*.

De la tradition réelle.

La tradition réelle est celle qui a lieu par la préhension corporelle de la chose, faite par celui à qui on entend faire la tradition, ou par quelqu'un de sa part. Je reçois la tradition d'un meuble lorsque vous le remettez entre mes mains, ou en celles de quelqu'un qui le reçoit pour moi de mon ordre. La tradition réelle d'un immeuble a lieu lorsque, de mon consentement, la personne à qui j'entends le livrer s'y transporte par elle-même, ou par quelqu'un qui en prend possession pour elle et de son ordre. A l'égard d'une maison, celui qui me la cède est réputé m'en faire la tradition réelle, en en délogeant ses meubles, et en souffrant que j'y porte les miens. S'il s'agit de quelque chose qui tient à votre héritage et en fait partie, comme si vous m'avez vendu ou donné de la pierre, que vous m'avez permis d'y fouiller, ou des arbres sur pied, que vous m'avez permis d'abattre, j'en reçois la tradition réelle par la séparation que je fais faire, avec votre permission, de cette chose, de la terre où elle tenait.

De la tradition symbolique.

La tradition symbolique est celle par laquelle on remet entre les mains de la personne à qui on entend faire la tradition, non la chose elle-même, mais une autre chose qui la représente et la mette en son pouvoir. La remise des clefs d'une maison, celle des titres d'une terre, celle du magasin où sont enfermées des marchandises, sont une tradition symbolique, qui équivaut à la tradition réelle de cette maison, de cette terre, de ces marchandises.

De la tradition *longæ manûs*.

La tradition *longæ manûs* a lieu par la seule montrée de la chose, dont on entend faire la tradition, et que l'on permet d'enlever. Le marchand de bois qui me montre une poutre dans sa cour, et me donne la permission de la faire enlever, est censé m'en faire la tradition. Je commence à la posséder *oculis et affectu*, avant même que quelqu'un se soit mis en devoir de l'enlever de ma part. Il en est ainsi d'une terre que vous m'avez vendue, et que vous me montrez, en me disant que je puis m'en mettre en possession : c'est encore une tradition *longæ manûs*, équipollente à une tradition réelle.

De la tradition brevis manûs.

La tradition *brevis manûs* est celle qui s'opère par le seul consentement des parties, sans aucune espèce de préhension corporelle, d'acte symbolique et de montrée.

Elle a lieu, premièrement, lorsque la chose est déjà entre les mains de celui à qui on entend la livrer. Par exemple, si je vous vends ou vous donne une chose que je vous avais prêtée, louée, engagée, ou que j'avais confiée à votre garde, mon seul consentement que vous la possédiez désormais à titre de propriétaire, et non plus à titre d'emprunteur, de locataire, d'engagiste ou de dépositaire, équivaut à une tradition réelle.

La tradition *brevis manûs* a encore lieu lorsque la chose reste entre les mains de celui qui en veut faire la tradition. Par exemple, lorsque je me retiens l'usufruit, la location ou la jouissance précaire d'une chose que je vends, par-là je déclare suffisamment que je n'entends plus posséder la chose comme ma propre chose, que je ne la possède plus en mon nom, mais au nom de l'acquéreur de qui je la tiens à titre d'usufruit, de location ou de jouissance précaire. Cette clause du contrat de vente tient lieu de tradition réelle.

Nous verrons, à l'article du contrat de vente, que la tradition d'un immeuble en toute propriété n'est censée faite, au moins vis-à-vis des tiers intéressés, que par la transcription du contrat sur le registre du bureau des hypothèques.

De la quasi-tradition.

Les choses incorporelles ne pouvant être possédées proprement, ne sont susceptibles que d'une quasi-tradition. Cette quasi-tradition, à l'égard des droits réels, tels que ceux de servitude, se fait *usu et patientiâ*, c'est-à-dire, lorsque le cédant, au vu et au su de qui le cessionnaire en use, le souffre et le permet. Quant aux créances et actions, elles s'opèrent et ne peuvent s'opérer que par la signification du transport, faite par l'acquéreur au débiteur.

§ I X.

Des conditions requises pour que la tradition transfère la propriété.

De telle tradition, au surplus, qu'il se puisse agir, nulle ne transfère la propriété sans le concours de quatre conditions : 1°. tradition de la part du propriétaire, ou de quelqu'un ayant qualité de consentir pour lui. 2°. Capacité d'aliéner de la part de celui qui fait la tradition. 3°. Un titre de nature à transférer la propriété. 4°. Le consentement des parties.

Tradition de la part du propriétaire, ou de quelqu'un ayant qualité de consentir pour lui.

1°. C'est un vieil axiôme du droit romain, ou plutôt un des préceptes éternels de la raison, que personne ne peut transférer à un autre plus de droit dans une chose qu'il n'y en a lui-même. *Nemo plus juris ad alium transferre potest quam ipse habet.*

Il n'y a donc que le propriétaire qui puisse transférer sa propriété, soit par lui-même, soit par quelqu'un ayant qualité suffisante de consentir pour lui : comme un mandataire, un tuteur ou un curateur, sauf à ceux-ci à remplir les formalités exigées par leur mandat ou par la loi.

Capacité d'aliéner de la part du propriétaire.

2°. Il ne suffit pas que la tradition soit faite par le propriétaire, ou de son consentement, il faut que ce propriétaire qui l'a faite ou consentie, soit capable d'aliéner. Ainsi, la tradition de leur propre chose par un mineur, un interdit ou une femme sous puissance de mari, sans l'autorisation formelle du tuteur, du curateur ou du mari, est nulle, et absolument inhabile à transférer la propriété.

Titre de nature à transférer la propriété.

3°. Ainsi que nous le verrons plus loin, les diverses qualités suivant lesquelles nous possédons une chose, sont subordonnées à la nature des titres qui sont la cause de notre possession. Il faut donc, pour que la tradition, même faite par un propriétaire capable d'aliéner, transfère la propriété, il faut, dis-je, qu'elle ait pour cause un titre de nature à transférer la propriété. Tels sont les titres de vente, d'échange, de donation, de legs, etc. La tradition faite par suite d'un contrat de louage, de prêt ou de dépôt, ne transfère que la nue détention.

Consentement des parties.

4°. La dernière condition requise pour que la propriété soit transférée par la tradition est le consentement des parties, qui doit intervenir sur la chose qui est l'objet de la tradition, sur la personne à qui elle est faite, et sur la translation de la propriété.

1°. *Sur la chose qui est l'objet de la tradition :* c'est-à-dire que la chose livrée doit être celle que je veux vous donner, et celle que vous voulez recevoir. Je vous ai vendu une table de bois de merisier, et vous me l'avez payée. Mon domestique vous porte, par erreur, une table d'acajou. Cette dernière, malgré la tradition, ne vous appartient pas, parce que ce n'est pas celle que j'ai voulu vous vendre.

2°. *Sur la personne à qui elle est faite :* Si , donc voulant donner une chose à Paul , j'en fais la tradition à Pierre que je prends pour Paul , cette tradition ne transfère la propriété de la chose ni à Paul à qui j'ai voulu la donner , la tradition ne lui en ayant pas été faite ; ni à Pierre à qui je n'ai pas voulu la donner.

3°. *Sur la translation de la propriété :* Ce qui suppose , d'une part, volonté de donner une chose en propriété , et de l'autre , volonté de la recevoir au même titre. Par exemple , si je vous remets un livre , croyant vous le prêter , et que vous le receviez , croyant que je vous le donne , faute de consentement de ma part , il n'y a pas de translation de propriété.

§ X.

De l'effet de la tradition.

Toutes ces conditions remplies , la propriété est transférée de droit et de fait par la tradition , mais seulement telle que l'avait l'ancien propriétaire. C'est pourquoi, si vous n'aviez dans la maison que vous m'avez vendue qu'un droit résoluble au bout d'un certain tems, ou par l'accomplissement d'une certaine condition, je n'acquiers qu'un droit résoluble pour le même laps de tems, et par l'évènement de la même condition. Pareillement, si votre propriété n'était pas libre et parfaite , et que votre maison fût grevée d'usufruit, de servitudes, de rentes foncières ou d'hypothèques , je ne puis l'acquérir qu'avec toutes ces charges. *Quoties dominium transfertur , ad eum qui accipit , tale transfertur quale fuit apud eum qui tradit.*

HUITIÈME LEÇON.

Suite de la propriété , — des manières de l'acquérir selon le droit civil ; — de la prescription.

§ X I.

Des manières d'acquérir la propriété , selon le droit civil.

LE droit civil a introduit quelques manières de transférer la propriété sans tradition , ni prise de possession. Les principales , sont : l'hérédité , le legs , l'adjudication et, la prescription.

De l'hérédité.

L'hérédité est la succession , par une personne idoine, ou autorisée à acquérir, à tous les biens et à tous les droits d'un homme mort. Le défunt est censé , dès l'instant de sa mort , avoir transmis à son héritier la propriété de tout ce qui compose sa succession , et même la possession qu'il en avait , même avant que cet héritier eût eu connaissance de la mort du défunt , et qu'il eût su que la succession lui était déférée. C'est le sens de cet axiôme de l'ancien droit français : *le mort saisit le vif*.

Du legs.

On appelle legs la donation que je vous fais d'une chose par mon testament , pour la délivrance vous en être faite après ma mort , par mes héritiers.

De l'adjudication.

L'adjudication est l'abandon de la propriété d'une chose vendue publiquement sur un tiers , par un officier de justice , au plus offrant et dernier enchérisseur.

Pourquoi faut-il se borner, quant à présent , à la simple définition de ces trois manières , d'acquérir la propriété ?

Bien que ces trois manières d'acquérir la propriété n'exigent en effet aucune tradition , cependant , comme la propriété n'est qu'un vain nom sans la possession , et qu'on n'entre véritablement en possession d'une hérédité qu'après l'avoir acceptée ; d'un legs , qu'après en avoir obtenu la délivrance de l'héritier; d'une chose adjugée aux criées publiques , qu'après en avoir payé le prix , ou du moins satisfait aux clauses et conditions du cahier des charges, on doit regarder l'hérédité , le legs et l'adjudication plutôt comme des titres, que comme des modes translatifs de propriété. Aussi ne m'en occuperai-je que lors de l'examen des titres qui sont de nature à transférer la propriété.

Il n'est pas ainsi de la prescription, qui n'est autre chose que l'addition du droit de propriété à la possession qu'on avait déjà , sans qu'il soit besoin, en aucune manière , de l'intervention de qui que ce soit , ni d'aucune espèce de formalités nouvelles. C'est véritablement une manière particulière d'acquérir la propriété, qui a , par le droit civil, un effet aussi prompt et aussi immédiat , que la tradition par le droit des nations. C'est donc ici le moment d'en exposer les principes avec quelques détails.]

§ XII.

De la prescription.

On définit la prescription , le droit qui nous fait acquérir la propriété d'une chose, par la possession paisible et non interrompue que nous en avons eue pendant le tems réglé par la loi. (Il sera traité , au chapitre des obligations, de la prescription , à l'effet de libérer.)

Nos lois reconnaissent deux espèces de prescription à l'effet d'acquérir, celle de dix ans, entre présens, et vingt ans, entre absens, et celle de trente ans. Nous traiterons d'abord de la première.

§ XIII.

De la prescription par dix ans entre présens, et vingt ans entre absens.

La prescription de dix ans entre présens, et vingt ans entre absens, est ainsi établie par la coutume de Paris, art. CXIII : « Si aucun a joui ou possédé « héritage ou rente, à juste titre, tant par lui que « par ses successeurs dont il a le droit et cause, « franchement et sans inquiétation, par dix ans « entre présens, et vingt ans entre absens, âgés et « non privilégiés, il acquiert prescription dudit hé- « ritage ou rente. »

Cet article est le résumé de tous les développemens que nous allons donner.

§ XIV.

Au profit de quelles personnes la prescription court-elle ?

Toute personne en état de posséder peut acquérir par prescription. Il n'importe qu'elle ait continué de posséder par elle-même ou par un autre, tel qu'un fermier ou un locataire. Et comme on retient la possession par la seule volonté négative, il suffit pour faire courir le tems de la prescription, qu'on n'ait pas prononcé d'une manière très-positive la volonté de ne plus posséder. Ainsi , bien que je sois tombé en démence depuis le jour où a commencé ma possession , je n'en continue pas moins de posséder , et la prescription court toujours à mon profit. Il est néanmoins des personnes qui ne peuvent pas acquérir par prescription , ce sont les étrangers non naturalisés. Ils peuvent bien acquérir par occupation , par accession, par tradition, parce qu'ils jouissent ainsi que les citoyens du droit des nations : *habent communionem juris gentium;* mais le droit de prescription , qui est une concession particulière du droit civil , leur est interdit, parce qu'ils ne jouissent pas du droit civil : *non habet communionem juris civilis.*

§ X V.

Quelles choses sont sujettes à la prescription ?

Toutes choses, au surplus, qui sont dans le commerce, meubles et immeubles , peuvent être acquises par prescription. Mais les choses qui ne peuvent appartenir à personne , les choses sacrées, les choses publiques, les fleuves, les ports, les cimetières, les édifices, pâturages et bois communaux , les biens nationaux, les voiries, les grands chemins, les places publiques sont imprescriptibles. Ainsi, quand je vous aurais acheté et payé un grand chemin que vous aviez depuis long-tems converti en terre labourable, et dont même vous jouissiez publiquement, je ne pourrais, ni

moi, ni mes héritiers, *in infinitum*, opposer la prescription à la revendication du gouvernement qui, sous
ce rapport, est toujours en état de minorité.

§ X V I.

Contre quelles personnes ne court pas la prescription ?

Il est même des choses particulières contre lesquelles la prescription ne court pas, soit par rapport
à l'incapacité d'aliéner de la part du propriétaire au
jour où a commencé la possession, soit parce que le
propriétaire était légitimement empêché de s'opposer
à la prescription. Sous le premier point de vue, les
biens des mineurs, des interdits, des femmes en puissance de mari sont imprescriptibles, tant que durent
la minorité, l'interdiction, ou la puissance maritale.
La raison de cette exception est que, pour la vali-
dité de la prescription, il faut qu'on puisse supposer
qu'au jour où a commencé la prescription, le possesseur eût valablement acquis du propriétaire. Sous
le second rapport, on ne peut pas prescrire les biens
de ceux qui sont absens pour le service de l'état, ni
de toutes autres personnes à qui l'on peut reconnaître
une raison légitime de n'avoir exercé ni la complainte, ni l'action en revendication. Par exemple,
le propriétaire d'une maison la quitte pour voyager
dans l'Inde, mais il laisse en partant un fondé de
pouvoir. Ce mandataire meurt; et ses héritiers, igno-

rant la procuration , négligent la régie de la maison du voyageur. Un usurpateur s'en empare et me la vend. Je possède vingt-un ans. Au bout de ce tems le voyageur est mort ; ses héritiers arrivent de l'Inde, et intentent contre moi l'action en revendication. De quelque bonne foi que je pusse être , quelque juste sujet que j'eusse de penser que mon vendeur était le véritable propriétaire, ma possession de vingt ans m'est inutile; je n'ai pas pu prescrire. Cette décision est fondée sur ce que la prescription est la peine de la négligence grossière du propriétaire , et que , dans cette espèce , il n'y a rien à imputer au propriétaire qui , avant de se mettre en voyage , avait pris des précautions suffisantes pour la conservation de sa maison. La mort imprévue de son mandataire est un malheur qui ne doit pas lui préjudicier.

NEUVIÈME LEÇON.

Suite de la propriété et de la prescription.

§ XVII.

Des conditions requises dans la possession pour opérer la prescription.

Il ne suffit pas qu'un bien soit prescriptible, tant par sa nature , que relativement au propriétaire. Cinq

conditions principales sont requises dans la possession pour légitimer la prescription : 1°. possession
civile ; 2°. possession de bonne foi; 3°. possession
publique; 4°. possession paisible et non interrompue;
5°. possession procédant d'un titre juste, valable,
non suspensif.

§ XVIII.

De la possession civile.

Ce doit être d'abord une possession civile *animo
dominantis*. Celui-là seul qui possède une chose
comme s'en réputant le propriétaire, peut acquérir
par prescription. Ainsi, un séquestre, un commodaire, un fermier, un créancier à qui son débiteur
a abandonné un héritage pour en jouir jusqu'à parfaite liquidation de sa créance, n'ont pas la possession
civile ; dès lors, ils sont inhabiles à prescrire.

§ XIX.

Possession de bonne foi.

La possession doit être de bonne foi; c'est-à-dire ,
que le possesseur doit avoir la juste opinion qu'il a acquis la propriété de la chose qu'il possède : *justa opinio
quæsiti dominii.*

Cette opinion peut être juste, quoique erronée ,
pourvu qu'il n'y ait erreur que dans le fait. Par
exemple , vous m'avez vendu une maison que vous

avez usurpée : je vous croyais véritablement propriétaire. Il y a erreur dans mon opinion, mais elle
n'est que dans le fait ; je possède de bonne foi, et la
prescription court à mon profit.

Il n'en est pas ainsi d'une erreur de droit. Je vous
avais donné une procuration à l'effet de régir mon héritage. Vous avez cru qu'elle renfermait pouvoir d'a-
liéner ; vous avez vendu mon héritage à Stichus , qui
vous a cru sur parole , et n'a pas vérifié votre mandat.
Stichus posséderait vingt-cinq ans , qu'il m'opposerait
en vain la prescription. Il s'est trompé en droit : il est
inexcusable. *Nunquam in usu capionibus juris error
possessori prodest.*

La bonne foi est requise , non-seulement au jour
de l'acquisition , mais tant que dure la possession. Au
surplus, elle se présume toujours, tant que le contraire
n'est pas prouvé.

§ X X.

Possession publique.

La clandestinité est un vice radical de toute possession. Il faut donc pour prescrire avoir possédé publiquement, c'est-à-dire , au vu et au su de tous ceux
qui l'ont voulu voir et savoir. C'est pourquoi, dit Pothier, si quelqu'un , pour aggrandir ses caves , en a
fouillé une sous le terrein de la maison voisine , et
l'a unie aux siennes , sans que son voisin s'en soit
aperçu , et a depuis vendu sa maison telle qu'elle se

poursuit ; quoique l'acquéreur ait possédé de bonne foi la cave qui a été fouillée sous la maison voisine , il ne pourra l'acquérir par prescription , cette possession n'étant pas publique. La coutume d'Orléans avait prévu ce cas , article CCLIII : « Fouillement en terre , « grattement n'attribuent, par quelque laps de tems « que ce soit , droit de possession à celui qui aura « fait ladite entreprise. »

§ X X I.

Possession non interrompue.

La prescription ne peut être acquise que par une possession paisible et non interrompue. L'interruption est ou naturelle ou civile.

De l'interruption naturelle.

Il y a interruption naturelle par le seul fait de la discontinuation de la possession pendant quelque tems : ce qui a lieu de plusieurs manières. Lorsque mon voisin a usurpé sur moi , pendant un an et jour, l'héritage que je possède depuis quelques années, en vain ai-je intenté contre lui l'action en revendication , et l'ai-je fait condamner à me le délaisser; mon ancienne possession est perdue pour moi , et je ne puis pas l'ajouter à ma nouvelle.

Cette décision a lieu même dans le cas où j'ai été dépossédé par violence. La réintégrande me rend la chose , mais ne fait pas entrer mes années antérieures de possession dans le calcul du tems que je dois posséder pour prescrire.

Il en est de même lorsque j'ai donné la chose que je possédais au véritable propriétaire, à titre de nantissement , de location , de prêt ou de dépôt. Nul ne pouvant être engagiste, fermier, commodataire ou dépositaire de sa propre chose , ce propriétaire, bien qu'il ignorât que ce fût sa chose que j'avais remise entre ses mains , ne peut être censé l'avoir possédée qu'en son propre nom. Ma possession est donc interrompue, puisque pour posséder une chose , il faut la détenir en sa puissance, ou par ses propres mains , ou par celles de quelqu'un qui la détient en notre nom. Pareillement, si vous n'étiez pas propriétaire de l'héritage que je possédais au jour où je vous l'ai affermé , mais que, dans l'intervalle , vous en ayez acquis la propriété en succédant à celui qui en était propriétaire ; du jour de l'ouverture de la succession , quand même vous auriez ignoré que cet héritage faisait partie des biens du défunt , bien que vous ayiez continué à vous en croire simple fermier, vous avez cessé de le posséder en mon nom : il y a interruption naturelle dans ma possession.

De l'interruption civile.

L'interruption civile résulte de la demande judiciaire, formée par le propriétaire , contre le possesseur , aux fins de lui faire délaisser la chose. Le seul

exploit d'assignation, même devant un juge incompé-
tent, arrête le cours de la prescription. Mais il faut
qu'il ait été donné au possesseur lui-même ; s'il n'a été
signifié qu'à son fermier, la possession n'est interrompue que du jour du nouvel exploit donné au possesseur lui-même. Observons que, si le propriétaire a
laissé périmer sa demande, et qu'un jugement ait déclaré la péremption acquise, le tems de la prescription
n'a pas cessé de courir, et se parachève nonobstant la
demande.

§ XXII.

Possession procédant d'un juste titre.

La possession, nécessaire à la prescription de
dix ans entre présens, et vingt ans entre absens, doit
procéder d'un titre juste, valable, non suspensif,
et qui ait continué d'être tel pendant toute la durée
de la possession.

On appelle *titre de possession* tout contrat ou acte
en conséquence duquel quelqu'un a été mis en possession d'une chose.

Un *titre juste* est tout contrat, ou acte de nature à
transférer la propriété par la tradition qui se fait en
conséquence : de manière que, lorsqu'elle n'est pas
transférée, c'est par le défaut de droit en la personne
qui fait la tradition, et non par le défaut de titre en
conséquence duquel la tradition a été faite.

Les titres de nature à transférer la propriété sont
ceux de succession, de legs, de vente, d'échange,

de dation en paiement, de donation. Ceux de louage, de nantissement, de précaire, de dépôt, et autres qui ne transfèrent que la jouissance, l'usage ou la nue détention, ne sont pas de justes titres.

Le défaut de droit dans la personne qui vend, donne ou lègue, est un vice qui s'oppose à ce que la propriété soit transférée par la tradition qu'elle en fait, en raison de cet axiôme de droit : *nemo plus juris ad alium transferre potest quam ipse habet.* Personne ne peut transférer plus de droit dans une chose qu'il n'en a lui-même ; mais ce vice se couvre par la prescription. Par exemple, vous m'avez vendu une maison qui ne vous appartenait pas ; vous n'avez pas pu, certainement, par la tradition, me transférer la propriété que vous n'aviez pas ; mais si j'ai possédé pendant dix ans entre présens, ou vingt ans entre absens, j'acquiers alors la propriété, non de la tradition que vous m'avez faite, mais du silence du vrai propriétaire, qui équivaut à une tradition de sa part.

Mais au moins faut-il que ce juste titre ait réellement existé ; il ne suffit pas que j'aie eu l'opinion que le contrat passé entre vous et moi était de nature à transférer la propriété. Si ce que je croyais être un contrat de vente n'était qu'un contrat de louage, je n'ai point en effet de juste titre ; je n'ai point une vraie possession. La qualité du titre réclame toujours contre la prescription. Il vaudrait mieux pour moi que je n'eusse aucun titre : *melius est non habere titulum quam habere vitiosum.* Mon erreur alors est une erreur de droit, qui ne laisse pas présumer la bonne foi.

DIXIÈME LEÇON.

Suite de la propriété et de la prescription par dix et vingt ans.

§ XXIII.

Possession procédant d'un titre valable.

CE titre juste doit être valable. Un titre nul n'étant pas un titre, la possession qui en procède ne peut opérer la prescription. La nullité d'un titre peut résulter ou de l'incapacité d'aliéner de la part de celui qui l'a passé, ou de l'incapacité d'acquérir de la part du possesseur, ou d'une disposition particulière des lois.

Dans le premier cas, j'ai acquis une maison d'un mineur ; il en était bien véritablement propriétaire, il m'a passé un juste titre ; mais il était incapable d'aliéner. Mon titre est nul ; ma possession est viciée dans sa source ; je posséderais vingt ans après la majorité accomplie de mon vendeur ; ce serait en vain ; je ne pourrais pas prescrire. Sur quoi j'observerai qu'il ne faut pas confondre le défaut de droit dans la personne qui aliène , avec l'incapacité d'aliéner. L'un n'est, en quelque sorte , qu'un vice suspensif de l'acquisition de la propriété par le possesseur, jusqu'à ce qu'il ait possédé le tems requis par la loi. L'autre est un vice radical , absolu. Celui qui achète d'un homme qu'il croyait alors le vrai propriétaire se trompe dans le fait ; mais il peut être de bonne foi : son titre est juste et valable ; il est habile à prescrire. Celui qui achète d'un mineur ou de tous autres déclarés incapables d'aliéner se trompe dans le droit. Il est de mauvaise foi ; son titre est juste , mais nul : il ne saurait devenir propriétaire, même par prescription.

Pour exemple du second cas : un legs fait à une personne incapable de recevoir une donation testamentaire est un titre nul. Si donc vous avez légué une maison au médecin qui vous a soigné dans la maladie dont vous êtes mort, ce médecin , étant au nombre des personnes incapables de recevoir un legs , ne peut pas acquérir par la prescription la propriété de cette maison , quand même votre héritier, ignorant son incapacité , lui en aurait fait délivrance.

Voici une espèce du troisième cas : nos lois actuelles défendent de donner par testament au-delà d'une certaine quotité de ses biens proportionnée au nombre de ses enfans. Celui qui , ayant neuf enfans , léguerait à un étranger la moitié de ses biens , ferait un legs nul ou au moins réductible au cinquième , représentant le dixème de la succession , seul disponible. Ainsi , quand même le légataire aurait été mis en possession de la totalité de son legs par les héritiers, il ne serait vraiment propriétaire que d'un cinquième , et la nullité , dont son titre est frappée pour les quatre autres cinquièmes, s'opposerait à ce qu'il pût les acquérir par prescription.

§ X X I V.

Possession procédant d'un titre non suspensif.

C'est peu d'être juste et valable , le titre doit encore n'être suspendu par aucune condition ; car, jusqu'à l'accomplissement de la condition, il est encore incertain si le titre aura son effet. Le possesseur ne possède pas encore la chose comme à lui appartenante, mais seulement comme pouvant lui appartenir, si la condition arrive. Par exemple , je vous ai vendu une maison dont vous me croyiez propriétaire ; je vous l'ai livrée ; mais j'ai subordonné l'effet.du contrat à la condition du retour de Stichus d'un voyage des Indes. Stichus n'arrive qu'au bout de cinq ans ; six ans encore après, le véritable propriétaire intente contre vous l'action en revendication. Vous ne pouvez pas lui opposer la prescription , bien qu'il ait été présent dans la même contrée que vous depuis le jour du contrat. La raison en est que vous n'avez été propriétaire que par l'accomplissement de la condition du retour de Stichus, et que vous n'avez pour vous qu'une possession de six années. Il en est autrement des conditions résolutoires, de celle, par

N

exemple , portant que le vendeur rentrera dans son bien , telle chose arrivant. Ces sortes de conditions détruisent le contrat pour l'avenir, lorsque le cas prévu vient à écheoir , mais elles n'en arrêtent pas l'effet. Elles n'empéchent que la propriété ne soit transférée au possesseur au moment même de la tradition , elles ne renferment qu'une dépropriation éventuelle. En un mot , les conditions suspensives ne permettent pas à l'acquéreur de devenir ou de se croire propriétaire , tant qu'elles ne sont pas accomplies ; les conditions résolutoires, au contraire , lui donnent seulement une juste crainte de cesser de l'être , si elles s'accomplissent ; de manière que , si dans l'intervalle du jour du contrat à celui de l'accomplissement de la condition résolutoire , il a possédé le tems requis entre présens ou entre absens , sa prescription a commencé , et s'est parachevée valablement.

§ X X V.

A quelles époques sont requises ces qualités du titre ?

Tel doit avoir été le titre au premier jour de la possession , tel il doit être jusqu'au dernier jour.

Il faut qu'il n'ait pas changé de nature pendant toute la durée de la possession. Par exemple , j'achète de vous un héritage : quatre ans après la tradition que vous m'en avez faite, Stichus le réclame comme à lui appartenant. Pour éviter une contestation judiciaire , je le remets , à l'amiable , à Stichus , à condition que j'en serai le fermier. Mais ce n'est ni vous, ni Stichus qui étiez le vrai propriétaire. Au bout de sept nouvelles années , Tilius intente contre moi l'action en revendication , et appuie sa demande judiciaire de pièces probantes. Je veux lui opposer la prescription , mais je succomberai, parce que je n'ai possédé que quatre ans comme me croyant propriétaire. Durant les sept autres années, je n'ai joui que comme fermier ; ma possession civile a cessé , et le tems requis pour la prescription a cessé de courir pour moi.

§ X X V I.

Le titre ne se présume pas.

Quoiqu'il en soit , le titre ne peut se présumer ni se supposer. C'est au possesseur à en justifier par l'exhibition d'un acte authentique. La preuve testimoniale n'est reçue que dans trois cas : 1°. Lorsqu'il n'a pas été passé d'acte , et que la chose est d'une valeur qui n'excède pas la somme de cent francs ; 2°. lorsqu'il y a déjà un commencement de preuve par écrit ; 3°. lorsque les actes ont péri par un accident constant de force majeure.

§ X X V I I.

Comment se compte le tems de la prescription par dix et vingt ans ?

Le tems requis pour établir la prescription sur une

possession revêtue des qualités que nous venons d'indiquer , est de dix ans entre présens , et vingt ans entre absens.

Les années ne se comptent pas de minute à minute , *a momento ad momentum*. Il suffit que le dernier jour de là dernière année soit commencé pour que le tems de la prescription soit accompli. *Dies inchoatus pro completo habetur.*

Le propriétaire et le possesseur sont réputés présens , lorsqu'ils habitent le même département.

La prescription commencée entre présens peut se parachever entre absens ; ainsi , une possession continue de six ans entre présens , et de huit ans entre absens , est suffisante ; *et vice versâ.*

§ XXVIII.

Comment peut-on unir la possession d'un autre à la sienne ?

Quelquefois on peut ajouter à sa propre possession celle de celui dont on tient la chose à un juste titre. Mais pour cette union des possessions de l'auteur et du successeur , deux conditions sont requises : 1°. que le successeur soit de bonne foi ; nulle possession ne peut être ajoutée à une possession vicieuse : *nec vitiosæ possessioni ulla potest accedere.* 2°. Que la possession de l'auteur ait été pareillement une juste possession ; une possession vicieuse ne peut être ajoutée même à celle qui est légitime : *nec vitiosa ei quæ vitiosa non est.*

§ X X I X.

Dans quel cas la mauvaise foi de notre auteur peut-elle vicier notre possession ?

Néanmoins, l'injuste possession de l'auteur n'influe pas sur celle du successeur à titre singulier, comme sur celle du successeur à titre universel. Le successeur à titre universel, ou l'héritier d'un possesseur de mauvaise foi, non-seulement ne peut pas ajouter la possession de son auteur à la sienne, mais même il ne peut pas prescrire en son nom, de quelque bonne foi qu'il puisse être : il n'est, en droit, que la personne continuée du défunt ; il ne peut avoir une possession autre que celle du défunt ; elle lui est transmise avec toutes ses qualités ; telle elle a commencé dans son auteur, telle il la reçoit, vicieuse, illégitime, de mauvaise foi, insusceptible à jamais d'établir la prescription. On accorde plus de faveur au successeur à titre singulier, à l'acquéreur, par exemple. Il ne peut pas s'aider, il est vrai, de l'injuste possession de son vendeur ; mais au moins lui reste-t-elle étrangère, et la sienne n'en est pas viciée. S'il est de bonne foi lui-même, il peut commencer à posséder valablement du jour de son contrat, et faire courir le tems de la prescription.

ONZIÈME LEÇON.

Suite de la propriété et de la prescription par dix et vingt ans ; — de la prescription trentenaire.

§ X X X.

Comment la prescription affranchit un immeuble de ses charges réelles.

Cette prescription de dix ou vingt ans , non-seulement transmet au possesseur la propriété de l'héritage avec la même garantie que si le propriétaire lui-même lui en avait fait tradition , mais elle le lui fait acquérir aussi franchement et pleinement qu'il a cru le posséder ; elle éteint de plein droit les rentes foncières ou constituées, les hypothèques , servitudes personnelles et prédiales , et autres charges réelles dont l'héritage était grevé , qui n'ont pas été déclarées au possesseur par son contrat d'acquisition , et qu'il a ignorées. La coutume de Paris , art. CXIV , s'en explique formellement :

« Quand aucun a possédé et joui par lui et ses pré-
« décesseurs , desquels il a droit et cause , d'héritage
« ou rente , à juste titre et de bonne foi , par dix
« ans entre présens , et vingt ans entre absens , âgés

« et non privilégiés, franchement et paisiblement,
« sans inquiétation d'aucune rente ou hypothèque,
« tel possesseur dudit héritage ou rente a acquis par
« prescription contre toutes rentes et hypothèques
« prétendues sur ledit héritage ou rente. »

Cette prescription a lieu soit que le possesseur ait acquis l'héritage du véritable propriétaire qui ne lui a pas déclaré les rentes, hypothèques et autres charges dont le bien était grevé, soit qu'il n'ait été que possesseur de bonne foi. Mais, dans l'un et l'autre cas, il faut que sa possession de la rente, hypothèque ou servitude ait toutes les qualités requises pour la prescription de toutes choses prescriptibles.

La coutume de Paris ajoute une disposition rigoureuse, mais conforme au principe qui établit la prescription sur l'ignorance légale du possesseur des droits d'un tiers dans la chose qu'il possède. Elle veut, article CXV, que l'héritage soit dégrevé desdites rentes ou hypothèques, quand même les créanciers en auraient été servis et payés par ceux qui en étaient les débiteurs personnels, lesquels seulement continuent d'en être débiteurs. « A lieu ladite prescription, sup-
« posé que ladite rente fût payée par celui qui l'a cons-
« tituée au deçu du détenteur. »

Mais cette loi rigoureuse est mitigée par une exception fondée sur l'équité et l'ignorance présumable de la part du créancier que l'héritage fût aliéné.
« Toutefois, si le créancier de la rente a eu juste
« cause d'ignorer l'aliénation, parce que le débiteur

« de ladite rente serait toujours demeuré en possession
« de l'héritage , par le moyen de location , rétention
« d'usufruit , constitution de précaire ou autres sem-
« blables , pendant ledit tems, la prescription n'a
« cours. » En effet, comme l'observe fort bien Pothier, le créancier voyant son débiteur demeurer dans
l'héritage sujet à la rente , et en étant payé exacte-
ment , ne peut pas soupçonner que l'héritage a été
aliéné. Cette juste ignorance où il est de l'aliénation
est un empêchement qui ne lui permet pas de demander reconnaissance à l'acheteur, et d'interrompre
sa possessio .

§ X X X I.

De la prescription de trente ans.

Nous avons vu que , pour prescrire par dix et
vingt ans, la première, la plus solemnelle, la plus
indispensable condition est la représentation d'un
juste titre. Mais la coutume a établi une autre prescription , celle de trente ans, pour la possession sans
titre; elle porte, article CXV :

« Si aucun a joui , usé et possédé un héritage
« ou rente , ou autre chose prescriptible , par l'espace
« de trente ans, continuellement, tant par lui que
« par ses prédécesseurs , franchement , publiquement
« et sans aucune inquiétation, supposé qu'il ne fasse
« apparoir de titres, il a acquis prescription entre âgés
« et non privilégiés. »

Il résulte de cet article que les principes de la

possession trentenaire sont absolument les mêmes que ceux de la prescription de dix et vingt ans , hors la nécessité de représenter un juste titre. Mais faisons bien attention à ces mots : *supposé qu'il ne fasse apparoir de titre ;* car s'il existe un titre quelconque , mais qui ne soit pas de nature à transférer la propriété , tel qu'un contrat de location , de nantissement , etc. , la qualité du titre réclame perpétuellement contre la prescription même de trente ans. *Melius est non habere titulum quam habere vitiosum.*

§ X X X I I.

Comment s'établit la possession trentenaire.

La possession trentenaire s'établit par la preuve littérale et par la preuve testimoniale.

La preuve littérale se fait par le rapport des titres probatifs de possession qui remontent à trente ans et plus. Tels sont des baux à ferme ou à loyer de l'héritage *de Cujus,* faits, il y a trente ans et plus , par le possesseur ou ses prédécesseurs , aux droits desquels il justifie être ; des rôles de contribution, faits il y a trente ans et plus , dans lesquels le possesseur ou ses prédécesseurs ont été imposés pour ledit héritage ; des aveux ou reconnaissances de rentes passées par le possesseur ou ses prédécesseurs , il y a trente ans et plus , pour ledit héritage ; des marchés d'ouvrages et autres actes semblables qui remontent à trente ans et plus.

O

La preuve testimoniale se fait par la déposition des témoins qui déclarent avoir vu, il y a trente ans et plus, le possesseur ou ceux aux droits desquels il est, être déjà en possession de l'héritage qui fait l'objet de la prescription.

L'une ou l'autre de ces preuves suffit au possesseur pour justifier de sa possession trentenaire. Quand même il ne pourrait rapporter aucun écrit probatif de cette possession, il doit être admis à preuve, quelque grande que soit la valeur de l'héritage dont il s'agit.

§ XXXIII.

Des choses qui s'acquièrent par la prescription de trente ans.

Toutes choses, d'ailleurs, qui sont susceptibles de la prescription de dix et vingt ans le sont aussi de celle de trente ans. Il faut en excepter, néanmoins, les droits de servitudes prédiales. La raison de cette exception est toute naturelle. Ou le possesseur du droit de servitude a un titre, ou il n'en a pas. Dans le premier cas, il a, par la possession qui procède de son titre, acquis le droit de servitude dans la prescription de dix ou vingt ans ; celle de trente ans lui est inutile et ne peut avoir lieu. Dans le second cas, il ne peut acquérir le droit de servitude par la prescription de trente ans, car c'est un principe de notre droit français qu'en matière de servitudes, lorsqu'on n'en rapporte aucun titre, la jouissance qu'on en a eue, quelque longue qu'elle ait été, est présumée n'avoir été qu'une jouissance précaire et de pure tolérance. L'art. CLXXXVI de la coutume de Paris est formel : « Droit de servitude ne s'acquiert par « longue jouissance, quelle qu'elle soit, sans titre, « encore que l'on ait joui par cent ans. »

§ X X X I V.

De quelques prescriptions qui ne sont plus en usage.

Je n'ai point parlé de la prescription ou de l'usucapion des meubles corporels par possession triennale. Elle n'était reçue que dans les provinces régies par le droit écrit, et dans quelques coutumes qui l'admettaient par des dispositions expresses. D'autres la rejetaient formellement. La plupart ne s'en étaient pas expliquées. La coutume de Paris la rejetait implicitement par l'art. CXVII qui établit la prescription de trente ans pour héritage ou rente, ou autre chose prescriptible. Ces termes, *ou autre chose prescritible*, sont des termes généraux qui comprennent les meubles et les immeubles ; d'où on peut conclure que la coutume n'ayant point de dispostion pour une prescription qui soit particulière aux meubles, les a compris par ces termes généraux dans la prescription de trente ans, et n'a pas voulu qu'ils fussent sujets à aucun titre.

Je ne parlerai pas davantage du *tenement de cinq ans*, qui opérait dans quelques coutumes la prescription de l'affranchissement des charges d'un héritage. Il faut enfin oublier totalement la prescription de quarante ans qui avait lieu pour les biens d'église.

DOUZIÈME LEÇON.

Suite de la propriété ; — comment elle se perd et se revendique.

§ XXXV.

Comment se perd la propriété.

Nous pouvons perdre la propriété d'une chose ou par notre volonté, ou malgré nous.

Nous la perdons par notre volonté soit en la livrant à quelqu'un à qui nous en voulons transférer la propriété, soit en en faisant un abandon pur et simple au premier occupant. Les principes sur l'abandon de la possession reçoivent ici leur entière application. Observez, néanmoins, que les marchands qui, au fort d'une tempête, jettent leurs marchandises à la mer, n'ayant d'autre dessein que d'alléger le vaisseau, en perdent la possession, parce qu'il n'est pas en leur pouvoir de conserver la possession d'une chose que la mer emporte ; mais qu'ils en retiennent la propriété : et si, par la suite, ces marchandises étaient ou retirées de la mer, ou jetées sur le rivage, ils auraient le droit de les revendiquer comme leurs choses propres.

Plusieurs causes nous font perdre la propriété de notre chose malgré nous : 1°. la vente qu'en font nos créanciers par suite de saisie; 2°. l'autorité de justice, lorsqu'en exécution d'un jugement nous sommes dépouillés militairement, *manu militari*, de la chose que nous nous étions obligés à donner à quelqu'un; 3°. l'autorité publique, lorsque le gouvernement s'empare de mon champ pour en faire un grand chemin; 4°. la force majeure, tels qu'un incendie, une inondation; 5°. la prescription, lorsqu'un possesseur de bonne foi a accompli le tems légal de possession.

§ X X X V I.

De l'action en revendication.

L'action en revendication est une action qui naît du domaine de propriété que chacun a des choses particulières, par laquelle le propriétaire, qui a perdu la possession de sa chose, la réclame et la revendique contre celui qui s'en trouve en possession, et le fait condamner à la lui restituer.

Dans l'énumération des droits résultans de celui de propriété, je n'ai pas compris le droit de revendiquer sa chose partout où elle se trouve. Je me réservais d'en parler avec plus de détails à la fin de cet article.

Toutes choses particulières, meubles ou immeubles,

dont le propriétaire a perdu la possession , peuvent être l'objet de l'action en revendication. *Hœc specialis in rem actio locum habet in omnibus tam animalibus quam his quæ anima carent , et in his quæ solo continentur.*

§ X X X V I I.

A qui cette action est-elle donnée ?

Cette action n'est accordée qu'au seul propriétaire. Ainsi, l'acquéreur d'une maison, qui ne lui a pas été livrée , a l'action *exempto*, pour se la faire livrer; mais il n'a pas l'action en revendication, n'étant pas encore propriétaire , faute de tradition.

C'est néanmoins un titre suffisant qu'une propriété nue, ou seulement une propriété utile. Alors , ceux dont l'héritage est grevé d'usufruit, ou qui ne le possèdent qu'à titre d'emphythéotes , sont également fondés à en revendiquer la possession.

On accorde aussi cette action au possesseur de bonne foi , bien qu'il n'ait pas encore accompli le tems exigé par la loi pour consommer la prescription, pourvu qu'il ait par-devers lui l'opinion d'un juste titre , quoique erronée. Il est réputé propriétaire vis-à-vis de tous autres que le propriétaire lui-même.

§ X X X V I I I.

Contre qui peut-elle être intentée ?

La revendication peut être intentée contre tout possesseur de bonne ou de mauvaise foi , même contre les fermiers , locataires ou commodataires du possesseur. Mais , sur la déclaration de ceux-ci qu'ils ne possèdent pas la chose pour eux , mais au nom de telle personne , c'est contre cette personne indiquée que l'action se suit.

Elle a lieu pareillement contre les héritiers du possesseur , pourvu qu'ils soient eux-mêmes détenteurs de la chose ; car , s'ils ne l'ont pas trouvée dans la succession, ils ne la doivent à aucun titre , ni comme possesseurs, puisqu'ils ne le sont pas ; ni comme succédant aux obligations de leur auteur , puisque celui-ci ne la devait lui-même que comme possesseur , et non en vertu d'aucune obligation par lui contractée.

Elle se poursuit, enfin , même contre celui qui a cessé par dol d'être possesseur de la chose. Par exemple , vous avez trouvé une bague précieuse que j'avais égarée. J'apprends qu'elle est entre vos mains, et je me dispose à la revendiquer. Instruit de mes intentions , vous la vendez pour moitié de son prix à un inconnu. Votre dol ne saurait me frustrer de ma chose , et j'ai action contre vous pour m'en faire payer le véritable prix.

§ X X X I X.

De l'entiercement des meubles.

La marche que doit suivre un propriétaire pour

exercer son action de revendication est différente, selon qu'il s'agit d'un meuble ou d'un immeuble.

Pour parvenir à la revendication d'un meuble, on procède par voie d'entiercement. On appelle ainsi un acte judiciaire par lequel celui qui se prétend propriétaire d'une chose mobiliaire l'a fait saisir et arrêter par le ministère d'un huissier, lequel la séquestre entre les mains d'une tierce personne.

Sur l'opposition formée à l'entiercement par celui qui était en possession de la chose, et sur qui l'entiercement a été fait, il doit en avoir main-levée, et la chose lui être rendue, à la charge de la représenter à toute réquisition du juge ; mais cette main-levée n'étant que provisionnelle, la chose entiercée est toujours censée demeurer sous la main de la justice, jusqu'à la fin du procès.

§ X L.

Des formalités de l'action en revendication pour les immeubles.

Les immeubles ne sont pas susceptibles d'entiercement. On ne peut les revendiquer que par un simple exploit de demande, par lequel celui qui se prétend propriétaire d'un certain héritage, assigne celui qui en est le possesseur, aux fins qu'il soit condamné à le lui délaisser comme chose à lui appartenante.

Cet exploit doit désigner l'immeuble revendiqué, de telle manière que le défendeur ne puisse douter que c'est tel héritage dont on réclame contre lui la possession et la propriété.

L'ordonnance de 1667, titre IX, articles III et IV, s'exprime ainsi :

« Les demandeurs sont tenus de déclarer, par leur
« premier exploit, le bourg, village ou hameau, le
« terroir ou la contrée où l'héritage est situé ; sa
« consistance, ses nouveaux tenans et aboutissans du
« côté du septentrion, midi, orient et occident ; sa
« nature au tems de l'exploit ; si c'est terres laboura-
« bles, prés, bois, vignes ou d'autre qualité ; en
« sorte que le défendeur ne puisse ignorer pour quel
« héritage il est assigné. »

« S'il est question d'une terre ou métairie, il suffit
« d'en désigner le nom et la situation. Si c'est une
« maison, les tenans et aboutissans seront désignés de
« la même manière. »

Jusqu'au jugement définitif, le défendeur continue de posséder, même sans donner caution, ni faire aucune soumission pour le rapport des fruits qu'il percevra pendant le procès, et à la restitution desquels il pourra être condamné. Néanmoins, si, pendant le procès, il se mettait en devoir de dégrader l'héritage, d'abattre des bois de haute futaie, ou de démolir quelque bâtiment, le demandeur pourrait obtenir un jugement interlocutoire, qui lui ferait défenses de faire aucune dégradation, ou même ordonnerait le séquestre.

P

TREIZIÈME LEÇON.

Suite de la propriété et de l'action en revendication.

§ XLI.

Quelles preuves sont requises à l'appui de l'action en revendication ?

C'EST à celui qui exerce l'action en revendication à établir son droit de propriété. Jusque là le possesseur actuel est réputé propriétaire.

Rarement pouvons-nous prouver par des titres écrits notre droit de proprité dans une chose mobiliaire. On y supplée en faisant entendre des témoins qui déclarent reconnaître la chose comme à nous appartenante.

La preuve testimoniale est inhabile à fonder la revendication d'un immeuble. Il faut nécessairement un titre écrit de propriété, tels qu'un contrat de vente, d'échange, de donation ou de bail à rente ; un acte de dation en paiement, de délivrance de legs, ou de partage de succession.

Ces titres sont valables, même quand ils ne seraient pas vrais, pourvu que celui qui s'en étaie ait eu un juste sujet de croire qu'il les tenait du véritable propriétaire , sauf pourtant que le possesseur actuel ne justifie pas lui-même avoir acquis du véritable propriétaire.

Mais , qu'arrivera-t-il si le demandeur et le défenseur produisent également des titres de propriété , mais sans pouvoir justifier ni l'un ni l'autre , que leur auteur était véritablement propriétaire? Il faut distinguer : Ou ils ont acquis l'un et l'autre de la même personne , ou ils ont acquis de différentes personnes. Dans le premier cas, celui-là seul est réputé propriétaire que l'auteur commun a mis le premier en possession. Dans le second cas , la propriété est déférée au possesseur actuel. Ainsi le décident la raison et les lois romaines. *Si ab eodem non domino emerint, potior cui priori res tradita est; si a diversis non dominis , melior causa possidentis.*

§ X L I I.

Des effets de l'action en revendication.

Lorsqu'un jugement définitif a adjugé les conclusions du demandeur , sa chose doit lui être rendue immédiatement , sauf les délais nécessaires pour le transport et le délaissement.

Les choses mobiliaires doivent être reprises chez le détenteur, quel qu'il soit , mais le transport et les dépenses de séquestre sont aux frais du propriétaire.

Quant aux immeubles, le délaissement est complet

par la remise des clefs et l'évacuation que fait le défendeur de tous ses meubles et autres objets servans à l'exploitation de l'héritage.

En quel état le possesseur de mauvaise foi doit-il rendre la chose ?

Si le défendeur était un possesseur de mauvaise foi, il doit rendre la chose en aussi bon état qu'elle était lorsqu'il s'en est mis induement en possession. Il est même susceptible des dommages et intérêts résultans des dégradations qui y ont été faites depuis, qu'il en ait ou non profité.

En quel état doit la rendre le possesseur de bonne foi ?

A l'égard du possesseur de bonne foi, il n'est tenu que des dégradations survenues par son fait, ou par sa faute, depuis le jour de la demande. Il n'est point responsable de celles antérieures, à moins qu'il n'en ait profité.

Les fruits doivent être rendus avec la chose.

Le jugement qui rend à un propriétaire la possession de sa chose, emporte contre la partie condamnée la restitution de tous les fruits naturels et civils de l'objet revendiqué, meuble ou immeuble.

*De quand sont-ils dus par le possesseur de mauvaise
foi ?*

Le possesseur de mauvaise foi est tenu de faire raison de tous les fruits qu'il a perçus depuis son indue possession, même de ceux provenans de ses semences et labours, sauf la déduction de ses impenses ; même encore de ceux qu'il n'a pas perçus, et que le propriétaire aurait pu percevoir s'il avait possédé sa chose.

De quand sont-ils dus par le possesseur de bonne foi ?

Il n'en est pas ainsi du possesseur de bonne foi. Il ne doit que les fruits qu'il a perçus depuis le jour de la demande. Il ne doit même pas ceux qui, lors de la demande, existaient encore en nature dans ses greniers, celliers ou magasins.

Comment les fruits doivent-ils être rendus ?

La restitution des fruits a lieu en nature ou en espèces. Lorsque le possesseur faisait valoir par ses mains, il doit ceux de la dernière année en nature, et ceux des années précédentes en espèces, sur l'état de liquidation qui en est dressé par le tribunal, d'après le rapport des livres de recettes du possesseur, ou l'estimation loyale d'arbitres nommés par les parties. Lorsque le possesseur avait loué ou affermé la chose revendiquée, il doit compte du prix des baux. Encore vis-à-vis du possesseur de mauvaise foi, le propriétaire a-t-il le droit de récuser les beaux ; il peut demander une estimation arbitrale.

§ X L I I I.

Des prestations personnelles du propriétaire.

Il ne faut pas croire, néanmoins, que le propriétaire qui exerce l'action en revendication reprenne sa chose sans rien débourser et sans indemniser en rien le possesseur. Mais, pour arbitrer les prestations personnelles que doit le propriétaire , il faut distinguer si celui sur lequel il reprend sa chose , possédait de bonne ou de mauvaise foi.

§ X L I V.

De quelles prestations le propriétaire est-il tenu envers le possesseur de bonne foi ?

Les prestations personnelles dues par le propriétaire au possesseur de bonne foi , sont :

1°. Les rentes foncières qu'il a payées annuellement , et qui étaient des charges réelles de la chose.

2°. Les sommes qu'il a payées à des créanciers légitimes du propriétaire , qui avaient hypothèque sur la chose , avec les intérêts qui étaient dus au jour du paiement.

3°. Les dépenses nécessaires qu'il a faites pour la conservation de la chose ; autres néanmoins que les simples frais d'entretien qui, ainsi que les impositions, se compensent avec les fruits qu'il a perçus et qu'il retient ; à moins que ces frais n'aient eu lieu depuis le jour de la demande : il en fait alors déduction sur les fruits dont il doit compte.

4°. Les dépenses utiles faites sur la chose , mais seulement en raison de ce que la chose en est améliorée , et d'autant qu'elles excèdent la valeur des fruits perçus par le possesseur. Je dis , en premier lieu : *en raison seulement de ce que la chose en est améliorée ;* d'où il suit que , si vous avez dépensé dix mille francs pour la construction d'un bâtiment qui n'est estimé améliorer mon sol que de cinq mille francs , je ne vous dois que cinq mille francs. Mais si , au contraire , vous n'avez dépensé que cinq mille francs , et que l'amélioration soit estimée au double , je ne vous dois encore que cinq mille francs ; car le propriétaire n'est tenu de rembourser le possesseur de ses dépenses que jusqu'à concurrence de ce dont il profite à ses dépens. J'ai dit , en second lieu : *d'autant seulement que les dépenses utiles excèdent la valeur des fruits perçus par le possesseur.* En effet, bien qu'on dise avec vérité que le possesseur de bonne foi fait les fruits siens tant que dure sa possession , cela signifie seulement que le propriétaire n'a pas d'action contre lui , pour les lui faire rapporter ; mais il est très-bien fondé à les lui opposer en compensation avec les dépenses utiles faites pour la chose revendiquée.

§ X L V.

De quelles prestations le propriétaire est-il tenu envers le possesseur de mauvaise foi ?

Le possesseur de mauvaise foi a droit aussi à des indemnités de la part du propriétaire, 1°. pour les rentes foncières qu'il a acquittées ; 2°. pour les créances hypothécaires qu'il a remboursées ; 3°. pour les dépenses nécessaires à la conservation de la chose, même pour les impositions et frais d'entretien qu'il est autorisé à déduire sur les fruits dont il doit le rapport.

Quant aux impenses seulement utiles et non nécessaires, la rigueur de droit lui en refuse la répétition ; il ne doit imputer qu'à lui-même son imprudence de faire des plantations ou d'élever des bâtimens sur un terrein qu'il savait ne pas lui appartenir. Il lui est seulement permis d'emporter tout ce qu'il peut enlever sans dégradation, et en rétablissant les lieux dans leur premier état. Néanmoins, il a une exception contre le propriétaire, à l'effet de compenser le prix de ces impenses utiles, jusqu'à concurrence de ce dont l'héritage en est amélioré, avec les fruits que le jugement le condamne à rapporter.

Ajoutons, avant de terminer cet article, que, pour la répétition des dépenses utiles, il faut avoir été de bonne foi, non-seulement au tems où l'on a acquis la possession, mais à celui où les impenses ont été faites.

QUATORZIÈME LEÇON.

Des servitudes , — de l'usufruit.

PARAGRAPHE PREMIER.

Des servitudes en général.

Nous avons noté, parmi les principales causes de l'imperfection du droit de propriété, les différentes servitudes dont un héritage peut être grevé. Nous allons nous occuper plus particulièrement des droits de ce genre qu'un étranger peut avoir sur notre chose.

Le droit de servitude est une dérogation au droit naturel, qui fait qu'un héritage doit un service à une personne ou à un autre héritage.

Les servitudes sont de deux espèces : personnelles et réelles.

§ II.

Des servitudes personnelles.

Les servitudes personnelles sont celles qui sont dues par un héritage à une personne. Les principales sont : l'usufruit, l'usage et l'habitation.

§ I I I.

De l'usufruit.

L'usufruit consiste dans le droit d'user et de jouir à son gré d'une chose étrangère, à la condition de n'aliéner ni altérer le fonds.

Cette définition comprend en une ligne tout ce que nous avons à dire sur l'espèce de jouissance accordée à l'usufruitier, sur ses obligations, sur les charges attachées à l'usufruit, et sur les obligations du propriétaire envers l'usufruitier.

Le droit *de jouir et d'user* comprend,

1°. Le droit de percevoir tous les fruits purement naturels, industriels et civils, et d'en disposer en toute propriété. L'usufruit met à nu la propriété, *ususfructus nudat proprietatem*. Rappelons ici que les fruits d'une chose sont seulement ce qu'elle produit et reproduit, *quod nascitur et renascitur*. Ainsi les pierres qu'on tire d'une carrière, et les bois de haute futaie, étant des choses qui, une fois enlevées, ne se reproduisent pas, l'usufruitier ne peut ni extraire les unes, ni abattre les autres, à moins que ce ne soit pour la réparation des bâtimens de l'héritage dont il a l'usufruit.

2°. La jouissance des choses accessoires à celle des héritages sujets à l'usufruit, c'est-à-dire, non-seulement des choses qui font partie de l'héritage, et y sont pour perpétuelle demeure, mais aussi de celles réputées meubles, qui n'y sont placées que pour l'exploitation , tels que les bestiaux et chevaux, les meubles aratoires , les cuves , les ustensiles de pressoir , les moulins assis sur bateau , les petits pressoirs à auge , les poissons en réservoir , les pigeons et lapins , même ceux enfermés dans un clapier , à moins que ces objets n'aient été formellement exceptés par l'acte constitutif de l'usufruit.

§ I V.

Des limites de la jouissance de l'usufruitier.

L'usufruitier n'a que l'usage et la jouissance ; il n'a pas le droit d'abuser. Il ne peut en conséquence ni aliéner, ni altérer le fonds.

Qu'il ne puisse pas aliéner , cela résulte de son titre même, qui lui donne la qualité d'usufruitier , et non celle de propriétaire.

Quant à la condition qui lui est imposée de ne pas altérer le fonds , elle embrasse trois choses :

1°. L'obligation de jouir en bon père de famille, c'est-à-dire , faire tout ce qu'un homme soigneux de ses biens a coutume de faire pour leur entretien. Par exemple , si c'est d'une vigne que j'ai l'usufruit, je dois la bien cultiver , y faire donner toutes les façons qu'on a coutume d'y donner dans le pays , la bien fumer, la bien entretenir d'échalas, la provigner , arracher successivement les ceps trop vieux , et en planter d'autres à la place. Si c'est un verger, je dois substituer des arbres à la place de ceux qui sont morts , ou qui , étant trop vieux, ne rapportent plus de fruit. Si ce sont des terres labourables, je dois les bien cultiver, selon la manière du pays, et ne pas les épuiser en les dessaisonnant.

2°. L'obligation de ne pas changer la forme d'un héritage, quand même la forme nouvelle rendrait l'héritage plus précieux et d'un plus grand revenu. Si donc j'ai l'usufruit d'une maison, je puis orner le plafond d'une salle par de belles peintures, griser les planchers, revêtir de marbre les murs; mais il ne m'est pas permis de hausser la maison, d'en changer l'entrée, ni la distribution des appartemens, ni d'agrandir ou diminuer les fenétres.

3°. L'obligation de ne pas convertir la chose à d'autres usages que ceux auxquels elle est destinée de sa nature. Ainsi, l'usufruitier d'une maison bourgeoise ne peut pas en faire des magasins, ni un cabaret, ni y établir des forges, ni loger des bestiaux dans des chambres faites pour étre habitées par des hommes. Mais l'usufruitier d'un magasin n'est pas réputé en changer l'usage, parce qu'il y serre des marchandises d'une autre espèce que celles qu'il contenait auparavant.

§ V.

Des charges de l'usufruit.

Celui qui a les profits doit avoir aussi les charges. C'est l'usufruitier qui recueille tous les fruits de l'héritage : c'est donc sur lui que doivent retomber toutes les charges de la jouissance. Les principales sont :

1º. L'acquittement des rentes foncières;

2º. Le paiement des impositions : c'est le revenu qui doit les unes et les autres.

3º. La confection de toutes les réparations d'entretien qui surviennent à faire , pendant le cours de l'usufruit, aux bâtimens , aux moulins, aux pressoirs, aux fossés, aux digues , aux étangs, et généralement à tout ce qui fait partie de l'héritage.

§ V I.

Des obligations du propriétaire envers l'usufruitier.

Le droit qu'a l'usufruitier de jouir et d'user d'une chose étrangère suppose , de la part du propriétaire de cette chose , l'obligation de ne pas le troubler dans sa jouissance , et de ne rien faire qui puisse la diminuer. Il est en conséquence défendu à celui qui n'a que la propriété nue d'un héritage ,

1º. De s'immiscer en rien dans la perception des fruits ;

2º. De rien détruire de ce qui est sur l'héritage grevé d'usufruit ;

3º. D'y faire aucune construction non nécessaire , quand même l'usufruit en serait bonifié ;

4º. D'imposer , au préjudice de l'usufruitier , aucune servitude sur l'héritage , ni pareillement remettre aucune de celles qui lui sont dues,

§ V I I.

Des différentes manières dont s'éteint l'usufruit.

L'usufruit finit,

1°. Par la mort naturelle ou civile de l'usufruitier ;

2°. Par la remise qu'en fait l'usufruitier au propriétaire ;

3°. Par une suspension de jouissance , trente ans durant ;

4°. Par un usage contraire à celui auquel la chose est destinée par sa nature ;

5°. Par la résolution du droit du propriétaire *ex causâ antiquâ et necessariâ*. Par exemple, lorsqu'une femme a , pour son douaire , l'usufruit d'un héritage, que son mari avait acquis , à titre de donation , d'une personne qui n'avait point d'enfans, s'il survient un enfant au donateur, la donation étant révoquée , et le droit qu'avait le mari dans l'héritage étant résolu, *ex causâ antiquâ et necessariâ* , l'usufruit de la douairière doit pareillement se résoudre et s'éteindre ;

6°. Par la consolidation, c'est-à-dire , lorsque l'usufruitier acquiert la propriété ;

7°. Par l'extinction de la chose sur laquelle frappe l'usufruit.

QUATORZIÈME LEÇON.

Suite des servitudes. — De l'usage. — De l'habitation. — Des servitudes prédiales.

§ VIII.

Du droit d'usage.

Le droit d'usage consiste à user d'une chose étrangère, aux conditions de n'aliéner ni altérer le fonds, et de restreindre son usage à ses besoins personnels.

Les règles de cette espèce de possession sont à peu près les mêmes que celles de l'usufruit. Il faut néanmoins remarquer quelques différences essentielles.

§ IX.

Différences entre l'usage et l'usufruit.

Celui qui n'a qu'un droit d'usage ne fait pas les fruits siens. Il ne peut pas les vendre, mais seulement prendre ceux nécessaires à ses besoins journaliers et à la consommation de l'année : il doit pareillement éviter de se rendre incommode au propriétaire, et de le troubler dans l'exploitation de son bien. Il n'est tenu ni de payer les rentes foncières, ni d'acquitter les impositions, ni de faire les réparations, sauf le cas où l'usage absorbe tous les émolumens de la chose. Enfin, il doit user par lui-même, et ce n'est que par faveur qu'on lui permet de jouir avec sa famille.

§ X.

Du droit d'habitation.

Le droit d'habitation est celui d'habiter gratuitement une maison étrangère. Il se constitue par testament ou par contrat. Les coutumes de France l'accordaient aux veuves, en certain cas.

Sauf les clauses particulières de restriction ou d'extension, qui peuvent être contenues dans l'acte constitutif de ce droit, il se règle par les mêmes principes que celui d'usage.

Une chose cependant lui est particulière, c'est que ceux qui possèdent à ce titre, sont tenus d'acquitter les rentes foncières, de payer les impositions, et de faire toutes les réparations d'entretien.

§ X I.

Des servitudes prédiales.

Les servitudes prédiales ou réelles sont les droits en vertu desquels un héritage, contre sa liberté naturelle, doit un service à un autre héritage.

De l'indivisibilité des servitudes.

Elles sont *un droit ;* dès lors elles ne sont pas divisibles. Si donc un héritage appartient à plusieurs par indivis, un des co-propriétaires ne peut pas imposer un droit de servitude que tous les autres n'y aient consenti, parce que cette servitude étant répandue sur tout l'héritage, elle engagerait les portions qui n'appartiennent pas à celui qui l'aurait imposée. Par la même raison, un seul de ces co-propriétaires ne peut pas stipuler une servitude en faveur de l'héritage commun, parce qu'il l'acquerrait généralement à tout l'héritage, et, par conséquent, aux portions qui ne lui appartiennent pas.

Point de servitudes sans titre.

Elles sont un droit établi sur les héritages *contre leur liberté naturelle,* parce que, de leur nature, tous les héritages sont libres : *naturaliter res sua domino prodest, non alteri.* Mais il ne faut pas confondre avec les servitudes les dépendances nécessaires où certains héritages se trouvent placés envers d'autres. Ainsi, l'eau qui tombe sur les montagnes et les lieux élevés coule nécessairement sur les vallées et les lieux bas. Mais ces dépendances ne sont pas de vraies servitudes, parce qu'elles viennent de la nature même. De cette liberté naturelle des héritages, il suit encore que toute servitude doit être fondée sur un

R

titre, et que nulle ne peut être acquise par prescription.

Des différentes espèces de servitudes prédiales.

Elles sont enfin le droit d'un héritage sur un héritage. On appelle héritage toute chose corporelle immobiliaire, qui est dans le commerce des hommes. L'héritage, à qui la servitude est due, se nomme *dominant :* celui qui la doit prend le nom de *servant.*

Les héritages sont de deux espèces : rustiques ou
urbains. Les héritages urbains sont les édifices bâtis
pour l'habitation des pères de famille. Les héritages
rustiques sont ceux où il n'y a que des bâtimens
consacrés à l'exploitation de la terre, comme sont
les granges et les étables.

Il y a donc deux espèces de servitudes prédiales :
rustiques ou urbaines, selon que l'héritage dominant
est rustique ou urbain. Ce n'est jamais l'héritage servant qui donne son nom à la servitude.

§ X I I.

Des servitudes rustiques.

Les romains reconnaissaient quatre principales servitudes rustiques : *iter, actus, via et aquœductus.*

Du sentier.

Iter est un droit de passage, c'est-à-dire, la liberté
d'aller et de se promener sur l'héritage d'autrui, à pied,

à cheval ou en litière , avec pouvoir de remuer la
terre , de l'aplanir, et de faire toutes choses nécessaires pour l'exercice et l'usage de ce droit.

Du chemin.

Actus , qui vient *d'agere* conduire, est le droit
de faire passer des bêtes de charge , et de conduire
une charrette ou charriot sur l'héritage d'autrui. Le
propriétaire de ce droit a implicitement et nécessairement le droit de simple passage à pied, à cheval ou
en litière.

De la voie.

Via , ou la voie , est la réunion de ces deux droits ,
avec cette extension : qu'elle donne le droit de conduire un charriot chargé à la hauteur d'une pique, et
de traîner, par l'héritage servant , des poutres et des
grosses pierres : ce qui n'est pas permis à celui qui n'a
que le droit d'*actus*.

Nos lois ont confondu ces trois droits dans celui
de chemin dont on use à pied, à cheval, en litière,
en chassant devant soi des bêtes de somme , en con-
duisant des charriots de telle charge que ce soit, en
traînant des poutres et des grosses pierres , selon qu'il
a été convenu entre les parties.

De l'aqueduc.

Aquœductus , ou le droit d'acqueduc , est le droit de
conduire de l'eau en son fonds par celui d'autrui.

§ X I I I.

Des servitudes urbaines.

Les principales servitudes urbaines consistent dans le droit,

1°. D'obliger notre voisin à souffrir que nous fassions porter les charges de notre maison sur la sienne. *Jus ut vicinus onera vicini sustineat.*

2°. De mettre une poutre, ou quelque chose qui serve à notre bâtiment, dans le mur de notre voisin. *Jus tigni immittendi.*

3°. D'avancer notre bâtiment sur l'héritage d'autrui, comme sont les saillies, balcons, etc. *Jus tigni projiciendi.*

4°. D'obliger notre voisin à recevoir dans sa maison, dans sa cour ou cloaque, l'eau qui tombe de notre toit, soit qu'elle en découle goutte à goutte, soit qu'elle en tombe avec impétuosité par une gouttière. *Jus stillicidii aut fluminis.*

5°. D'être dispensé de recevoir les eaux de la maison voisine.

6°. D'empêcher notre voisin d'élever son bâtiment au-delà d'une certaine hauteur. *Jus altius non tollendi.*

7°. D'élever notre bâtiment au-delà de la hauteur ordinaire. *Jus altius tollendi.*

8°. D'obliger notre voisin à souffrir que nous tirions du jour de son héritage. *Jus luminum.*

9°. De puiser de l'eau , d'abreuver nos bestiaux, de les faire pâturer, de cuirede la chaux , de fouiller du sable dans l'héritage de notre voisin.

Je pourrais détailler à l'infini les différentes espèces de servitudes qui peuvent être constituées ; je renverrai seulement au titre IX de la coutume de Paris. Je n'ai parlé ni des contre-murs, ni des murs mitoyens ; j'en traiterai , en tems plus opportun, au quasi-contrat du voisinage.

Il me reste à déterminer le principe caractéristique de toute espèce de servitudes prédiales.

§ X I V et dernier.

Principe caractéristique des servitudes prédiales.

En matière de servitudes prédiales , tout est de rigueur ; rien n'est permis que ce qui est porté au titre. L'espèce , la durée, l'étendue, le mode, tout doit être déterminé *ad syllabam.* En cas de doute, la présomption est en faveur de l'héritage servant. La coutume de Paris s'en explique formellement , articles CCXV et CCXVI.

« Quand un père de famille met hors ses mains
« partie de sa maison , il doit spécialement déclarer
« quelles servitudes il retient sur l'héritage qu'il met
« hors ses mains, ou quelles il constitue sur le sien :
« et les faut nommément et spécialement déclarer,
« tant pour l'endroit, grandeur , hauteur , mesure
« qu'espèce de servitude. Autrement, toutes constitu-

« tions générales de servitudes , sans les déclarer
« comme dessus, ne valent. »

« Destination du père de famille vaut titre, *quand*
« *elle est ou a été par écrit*, et non *autrement*. »

FIN DU PREMIER CAHIER.

TABLE

DES

MATIÈRES.

FIN DE LA TABLE.

www.ingramcontent.com/pod-product-compliance
Ingram Content Group UK Ltd.
Pitfield, Milton Keynes, MK11 3LW, UK
UKHW021624170726
13836UKWH00005B/2026